Fälle, Fälle, Fälle
Übungsbuch für Mediatoren in Ausbildung

Ilka Kleffmann

Bibliografische Information der Deutschen Nationalbibliothek

Die Deutsche Nationalbibliothek verzeichnet diese Publikation

in der Deutschen Nationalbibliografie; detaillierte biblio-

grafische Daten sind im Internet über www.dnb.de abrufbar.

© 2016 Ilka Kleffmann

Herstellung und Verlag:
BoD – Books on Demand, Norderstedt

ISBN 978-3-7392-2607-1

Vorwort

Mediatoren in Ausbildung sollen üben, üben, üben.

Sie haben dabei ein kleines Problem: woher sollen die Übungsfälle kommen?

Bisher haben sie Stunden damit verbracht, im Internet nach geeigneten Fällen zu suchen.

Dieses Übungsbuch erspart ihnen diese Zeit der Suche, und verschafft ihnen mehr Zeit zum Üben.

Vor Ihnen liegen zwanzig Fälle aus unterschiedlichen Bereichen.

Alle Namen und Personen sowie alles, was sie miteinander erlebt haben, sind frei erfunden. Namensähnlichkeiten oder Parallelen zu tatsächlichen Ereignissen sind rein zufällig.

Ich wünsche allen Mediatoren und Mediatorinnen in Ausbildung viel Freude an der Ausbildung und viel Erfolg für ihre spätere Tätigkeit.

Ilka Kleffmann

März 2016

Inhaltsverzeichnis

Einleitung — 5

Nachbarschaftsmediation

Deine Bio-Tonne stinkt zum Himmel — 6

Immer dieser Lärm — 9

Vogelgrippe — 13

Kehrwoche — 16

Wirtschaftsmediation

Produktionsfehler — 22

Wer soll die Nachfolge übernehmen? — 27

Das Bibliotheksregal — 36

Der Tenor — 41

Innerbetriebliche Mediation

Mein Chef spinnt — 47

Waldi darf nicht ins Büro — 52

Biometrische Daten am Arbeitsplatz — 55

Die Leistungsbeurteilung — 60

Inhaltsverzeichnis

Familienmediation

    Wo wohnen die Kinder?   **64**

    Scheidung á la carte   **67**

    Friedliche Scheidung?   **72**

    Patchworkfamilie   **76**

Erbschaftsmediation

    Die Pflegekraft erbt   **85**

    Ich habe Vater bis zum Schluss gepflegt   **92**

    Das Porzellan gehört mir   **97**

    Die zweite Frau   **103**

Einleitung

Auf den folgenden Seiten finden Sie Übungsfälle aus den Bereichen

- Nachbarschaftsmediation
- Wirtschaftsmediation
- Innerbetriebliche Mediation
- Familienmediation
- Erbschaftsmediation

Die Aufbereitung der Fälle hat immer die gleiche Struktur, um ein gemeinsames Arbeiten zu erleichtern.

Auf der ersten Seite wird das Thema des Falles kurz umrissen, in Anlehnung an ein mögliches Ersttelefonat. Diese Seite ist für die Mediatoren.

Auf den darauffolgenden Seiten werden die Rollen beschrieben. Jede Konfliktpartei hat ihre eigene Seite.

Die Rollenbeschreibungen sollten es ermöglichen, sich in die Konfliktsituation einzufinden ohne selbst allzu viel hinzufügen zu müssen.

Nachbarschaftsmediation

Deine Bio-Tonne stinkt zum Himmel

Kurzbeschreibung
Ricarda Schmidt ruft die Mediatorin an.
Sie möchte mit ihrer Nachbarin, Gesine Herbold, in die Mediation kommen.
Frau Herbold habe sich über den Geruch beschwert, der von ihrer Bio-Tonne ausgeht.

Medianden:
Ricarda Schmidt
Gesine Herbold

Nachbarschaftsmediation

Deine Bio-Tonne stinkt zum Himmel

Ricarda Schmidt

44 Jahre

Lehrerin

Single, Hauseigentümerin (Reihenhaus)

Ricarda Schmidt und Gesine Herbold bewohnen zwei benachbarte Reihenhäuser. Ricarda wohnt im Eckreihenhaus. Gesine Herbold nebenan.

Der Platz für Mülltonnen ist bei beiden Reihenhäusern neben dem Fußweg im Vorgarten geplant worden. Gesines „Müllplatz" ist eingebaut. Ricarda hat keine Abgrenzung für ihre Mülltonnen.

Ricarda ist empört und verzweifelt. Früher war sie mit Gesine befreundet. Sie haben gemeinsam gegrillt, haben teilweise auch ihre Freizeit mit einander verbracht. Auch mit Gregor, Gesines Ehemann, versteht sie sich gut. Im Frühling hat sie ihm sogar dabei geholfen, die Überraschung zu Gesines Geburtstag vorzubereiten.

Seit Ostern jedoch behauptet Gesine, ihre, Ricardas, Biomülltonne stinke so sehr, dass der Geruch zu ihr herüber zöge.

Ricarda versteht das nicht. Sie riecht nichts und hat als Single nicht so viel Biomüll.

Die Beziehung der beiden Frauen ist im Moment kalt bis feindselig.

Als Lehrerin in einer Grundschule, hält Ricarda es jedoch für ihre Pflicht, diesem Konflikt ein Ende zu setzen.

Sie hat Gesine zur Mediation eingeladen. Gesine hat zugestimmt.

Nachbarschaftsmediation

Deine Bio-Tonne stinkt zum Himmel

Gesine Herbold

53 Jahre

Technische Zeichnerin

Verheiratet

Eigentümerin des Nachbarreihenhauses von Ricarda

Gesine Herbold ist von Ricarda Schmidt zur Mediation eingeladen worden.

Sie hat die Einladung angenommen, weil sie bis Ostern gute Nachbarinnen und Freundinnen waren. Sie haben gemeinsam gegrillt und Ausflüge in ihrer Freizeit unternommen.

Kurz vor Ostern brach die Welt für Gesine zusammen. Vom Küchenfenster aus beobachtete sie, wie ihr Mann, Gregor, über den Gartenzaun zurück in ihren Garten kletterte. Offensichtlich war er bei Ricarda gewesen, während sie davon ausgegangen war, dass er noch im Bett liegt.

Ostermontag sah sie, wie Ricarda ganz hinten in ihrem Garten stand, und mit Gregor über den Zaun hinweg sprach. Ricarda sah sich in ihren Befürchtungen bestärkt.

Sie wollte Gregor darauf ansprechen, hatte aber zuerst über Ostern keinen Streit haben wollen, und danach kam es ihr blöd vor.

Ricarda wollte sie nicht direkt darauf ansprechen. Sie traute sich einfach nicht zu, die richtigen Worte zu finden, und hatte Angst, sich lächerlich zu machen.

Nachbarschaftsmediation

Immer dieser Lärm

Kurzbeschreibung

Kurt Mayer ruft den Mediator an.

Er kündigt sich und seine Nachbarn, das Ehepaar Frauke und Udo Kämpfer, zur Mediation an.

Herr Mayer ist hörbar aufgeregt und gibt zu verstehen, dass er von seinen Nachbarn genervt ist.

Medianden:

Kurt Mayer

Frauke und Udo Kämpfer

Nachbarschaftsmediation

Immer dieser Lärm

Kurt Mayer

41 Jahre

Angestellter bei einem Sicherheitsdienst als Objektschützer

Bewohnt als Mieter eine Wohnung im 1. OG eines Mehrparteienhauses mit insgesamt acht Wohneinheiten.

Sein Haus grenzt an den Garten des Eigenheims von Familie Kämpfer (Frauke und Udo sowie deren siebenjährige Zwillinge).

Kurt Mayer hat mit Familie Kämpfer eigentlich nichts zu tun.

Er arbeitet in der Regel im Nachtdienst, bei einer 5-Tage-Woche.

Einmal im Monat arbeitet er auch an den Wochenenden.

Seit einem halben Jahr hat Familie Kämpfer ein Au-Pair aus Brasilien. Wenn Familie Kämpfer über das Wochenende weg fährt, bleibt das Au-Pair zuhause.

Die sturmfreie Bude nutzt die junge Frau, um Partys auszurichten, die meistens bis in die Morgenstunden dauern. Das ist genau die Zeit, zu der Kurt Mayer schlafen geht.

Er fühlt sich von der lauten Musik belästigt. Deshalb war er schon mehrfach am Gartenzaun zwischen den Grundstücken, um sich zu beschweren. Das Au-Pair reagierte jedoch nicht auf seine Gesprächsversuche.

Mehrfach hat er sich bei Udo Kämpfer beschwert, von dem er sich aber nicht ernst genommen fühlt.

Nachbarschaftsmediation

Immer dieser Lärm

Frauke Kämpfer

32 Jahre, Freiberufliche Journalistin

Udo Kämpfer

28 Jahre, Judoka im Deutschen Team

Die beiden haben ein siebenjähriges Zwillingspaar.

Die Betreuung der Kinder unter der Woche übernimmt das Au-Pair, Maria. Zusätzlich macht sie den Haushalt.

An den Wochenenden sind häufig entweder Wettkämpfe oder zusätzliche Trainingseinheiten von Udo Kämpfer. Maria wurde anfänglich dazu eingeladen mitzukommen. Beim ersten und einzigen Mal hat sie sich jedoch so sehr gelangweilt, dass sie nicht mehr mit kam.

Udo und Frauke Kämpfer haben Maria erlaubt, an den Wochenenden Freunde einzuladen. Bisher haben sie damit keine negativen Erfahrungen. Alles war ordentlich aufgeräumt und sauber bei ihrer Rückkehr. Sie sind sehr zufrieden mit Maria, denn sie geht gut mit den Kindern um und kümmert sich auch sonst um alles rund ums Haus.

Udo Kämpfer versteht zwar, dass Kurt Mayer nach der Arbeit schlafen möchte, aber nicht, dass er nicht einfach das Fenster schließt, um seine Ruhe zu haben.

Die anderen Nachbarn, bei denen sich die Kämpfers umgehört haben, beschweren sich nicht über Lärm. Kurt Mayer hingegen habe

Nachbarschaftsmediation

Immer dieser Lärm

sogar schon einmal die Polizei gerufen. Diese habe keinen außerordentlichen Lärm feststellen können.

Sie haben in die Mediation eingewilligt, weil sie dieses Thema ein für alle Mal abschließen möchten.

Nachbarschaftsmediation

Vogelgrippe

Kurzbeschreibung

Robert Buchholz ruft die Mediatorin an.

Er möchte mit seinem Nachbarn, Michael Mantei, in die Mediation kommen.

Es geht um die Vogelgrippe, die die Hühner seines Nachbarn auf seine Wellensittiche übertragen haben.

Medianden:

Robert Buchholz

Michael Mantei

Nachbarschaftsmediation

Vogelgrippe

Robert Buchholz

63 Jahre

Pensionierter Lehrer

Robert Buchholz ist Liebhaber von Wellensittichen. Er züchtet sie schon seit Jahren und hat dieses Hobby seit seiner Pensionierung noch intensiviert. Er hat ein eigenes Zimmer als Voliere eingerichtet und vor das Fenster eine Außenvoliere gebaut, damit seine Vögel auch frische Luft und Sonne genießen können.

Mit seinem Nachbarn, Michael Mantei, ist er bisher gut ausgekommen. Michael Mantei hält in seinem Garten fünf Hühner, wegen der Eier.

Im Herbst ging die Vogelgrippe um. Michael Mantei musste, auf Anordnung des Amtsveterinärs, seine Hühner in Quarantäne halten. Das hat er aber nicht sofort getan.

Während dieser Zeit müssen die Wellensittiche sich bei den Hühnern angesteckt haben. Jedenfalls waren sie innerhalb weniger Tage alle krank und er musste sie einschläfern lassen. Nun stehen seine Volieren leer!

Michael Mantei hat ihn ausgelacht, als er ihn um ein Gespräch darüber bat. Er hatte ihn damit abgespeist, dass seine Tiere alle untersucht und für gesund befunden wurden.

Robert Buchholz fühlt sich gänzlich unverstanden und schlecht behandelt. Er plant, eine neue Zucht zu beginnen und will vorher klare Absprachen mit seinem Nachbarn vereinbaren.

Nachbarschaftsmediation

Vogelgrippe

Michael Mantei

36 Jahre

Städtischer Angestellter

Michael Mantei hält sich fünf Hühner wegen der Eier. Die schmecken ihm am besten.

Im Herbst ging die Vogelgrippe um. Michael Mantei musste, auf Anordnung des Amtsveterinärs, seine Hühner in Quarantäne halten. Das hat er aber nicht sofort getan, weil er weit und breit keine Wildvögel in seinem Garten entdecken konnte. Schließlich hat er es aber doch getan, weil er seine Vögel nicht gefährden wollte.

Dass die Wellensittiche seines Nachbarn sich mit der Vogelgrippe infiziert haben und eingeschläfert werden mussten, tut ihm leid. Er ist jedoch sicher, dass seine Hühner als Überträger nicht in Frage kommen. Vielmehr erinnert er sich an ein Gespräch mit Robert Buchholz über den Gartenzaun hinweg, in dem dieser ihm erzählte, dass ein Freund aus dem Ziervogelzüchterverein ihn darum gebeten hatte, während seines Urlaubs auf seine Papageien aufzupassen. Herr Buchholz hatte damals kommentiert, dass er sich jetzt probeweise um die großen Geschwister seiner Lieblinge kümmern wird. Vielleicht hatte ja einer dieser Papageien die Vogelgrippe, und Herr Buchholz hat sie selbst eingeschleppt?

Um das ehemals gute nachbarschaftliche Verhältnis wieder herzustellen, und auch, um Herrn Buchholz an diese Geschichte mit den Papageien zu erinnern, hat Michael Mantei in die Mediation eingewilligt. Er will in der Nachbarschaft nicht als unverantwortlicher Tierhalter verschrien werden.

Nachbarschaftsmediation

Kehrwoche

Kurzbeschreibung

Beate Stahlschmidt ruft die Mediatorin an.

Sie möchte mit ihrer Nachbarin, Rosi Zemke, in die Mediation kommen.

Frau Stahlschmidt möchte ihrer Nachbarin vermitteln, dass die Kehrwoche wichtig ist.

Medianden:

Beate Stahlschmidt

Rosi Zemke

Nachbarschaftsmediation

Kehrwoche

Beate Stahlschmidt

56 Jahre

Hausfrau

Mieterin der linken Erdgeschosswohnung in einem Sechs-Parteien-Haus

Das Haus, in dem Beate Stahlschmidt und Rosi Zemke wohnen, liegt in einer ruhigen Wohngegend eines Vorortes. In ihrer Straße achten alle auf gepflegte Vorgärten, saubere Fenster und Mülltonnen. Im Winter wird der Schnee bis spätestens sechs Uhr geräumt; im Herbst das Laub von Wiese und Fußwegen entfernt usw.

Beate Stahlschmidt wohnt schon im 25. Jahr in dem Mietshaus. Sie ist die gute Seele des Hauses und achtet darauf, dass alles in Ordnung ist. Sie passt auf, wer im Haus ein- und ausgeht, weil sie Angst vor Dieben und Einbrechern hat (man hört ja so viel…).

Beate Stahlschmidt ist bei den Nachbarn im Haus und in der Straße beliebt. Sie kümmert sich auch mal um die Kinder oder geht mit dem Hund der älteren Dame Gassi, die zwei Häuser weiter wohnt. Man kennt sich und hilft sich gegenseitig.

Vor einem Jahr ist Rosi Zemke in die Nachbarwohnung eingezogen. Rosi Zemke ist eine junge Studentin, die viel unterwegs ist und manchmal Partys feiert, auf denen Musik gespielt wird, die Beate Stahlschmidt nicht einmal als Musik erkennt.

Nachbarschaftsmediation

Kehrwoche

Beate Stahlschmidt hat sich bemüht, Rosi Zemke im Haus willkommen zu heißen. Sie hat ihr schon Kuchen gebracht, ihr die Hausordnung erklärt und einen Überblick über die anderen Nachbarn gegeben.

Rosi Zemke schien das nicht sonderlich zu interessieren. Das ist ja eine Sache, dass sie sich aber nicht an die Kehrwoche hält, ist etwas anderes. Die Kehrwoche ist für alle Pflicht. Ganz besonders im Erdgeschoss ist es wichtig, sonst schleppen alle den Dreck durch sämtliche Etagen.

Beate Stahlschmidt ist mit ihrem Latein am Ende. Solche Probleme hatte sie mit ihrer alten Nachbarin nicht gehabt.

Nachbarschaftsmediation

Kehrwoche

Rosi Zemke

28 Jahre

Studentin und Aushilfskellnerin in einer Hoteldiskothek

Mieterin der rechten Erdgeschosswohnung in einem Sechs-Parteien-Haus

Das Haus, in dem Beate Stahlschmidt und Rosi Zemke wohnen, liegt in einer ruhigen Wohngegend eines Vorortes. In der Straße achten alle auf gepflegte Vorgärten, saubere Fenster und Mülltonnen. Im Winter wird der Schnee bis spätestens sechs Uhr geräumt; im Herbst das Laub von Wiese und Fußwegen entfernt usw.

Beate Stahlschmidt wohnt schon im 25. Jahr in dem Mietshaus. Sie bezeichnet sich als die gute Seele des Hauses und achtet darauf, dass alles in Ordnung ist. Sie passt auf, wer im Haus ein- und ausgeht, weil sie Angst vor Dieben und Einbrechern hat (man hört ja so viel…).

Beate Stahlschmidt ist bei den Nachbarn im Haus und in der Straße beliebt. Sie kümmert sich auch mal um die Kinder oder geht mit dem Hund der älteren Dame Gassi, die zwei Häuser weiter wohnt. Man kennt sich und hilft sich gegenseitig.

Vor einem Jahr ist Rosi Zemke in die Nachbarwohnung eingezogen. Rosi Zemke ist Studentin, die viel unterwegs ist und manchmal Partys feiert.

Nachbarschaftsmediation

Kehrwoche

Beate Stahlschmidt kam schon am Tag nach ihrem Einzug auf Rosi Zemke zu. Bei Kaffee und Kuchen hatte sie ihr die Hausordnung erklärt und über die anderen Nachbarn getrascht.

Nachbarschaftsmediation

Kehrwoche

Rosi Zemke fand das ziemlich übergriffig und unangenehm. Sie hat mit dem Studium und ihrem Nebenjob genug zu tun und braucht keine spießige Nachbarin, die ihre Nase in alles rein steckt.

Dass sie die Kehrwoche manchmal vergisst: wen juckt's? So viele Leute laufen ja gar nicht durchs Treppenhaus und freitagabends arbeitet sie bis früh morgens. Wenn sie um fünf oder sechs Uhr morgens nach Hause kommt, will sie nur noch schlafen. Treppenputz steht dann echt nicht mehr auf ihrem Programm.

Rosi Zemke hat der Mediation zugestimmt, weil sie die Wohnung behalten will und Angst hat, Frau Stahlschmidt könnte sie bei der Hausverwaltung anschwärzen.

Wirtschaftsmediation

Produktionsfehler

Kurzbeschreibung

Waldemar Grun, Geschäftsführer der Grun und Söhne GmbH & Co. KG, ruft die Mediatorin an. Er hat einem Kunden Teile aus dem falschen Material geliefert. Der Kunde, die Firma Knut und Feder GmbH, vertreten durch den Geschäftsführer, Siegfried Feder, macht aus Herrn Gruns Sicht eine viel zu hohe Schadenssumme geltend.

Medianden:

Waldemar Grun

Siegfried Feder

Wirtschaftsmediation

Produktionsfehler

Waldemar Grun

57 Jahre

Geschäftsführer im eigenen Familienunternehmen in der 3. Generation

Bei der Auftragsabwicklung ist seinem Produktionsleiter, Herrn Schmidt, ein grober Fehler passiert. Er hat nicht auf die Materialbezeichnung auf der Technischen Zeichnung, die der Bestellung durch die Knut und Feder GmbH vor vier Wochen aufgegeben wurde, geachtet und den falschen Stahl benutzt. Die Bestellung wurde entsprechend fehlerhaft ausgeliefert.

Dieser Fehler konnte bei der Wareneingangsprüfung bei Knut und Feder nicht durch Augenschein erkannt werden. Erst eine Materialprüfung ergab, dass es sich um den falschen Stahl handelte, nachdem sich ein wichtiger Kunde von Knut und Feder beschwert hatte.

Herr Feder hat dies sofort an Waldemar Grun weiter gegeben und nicht nur Ersatz gefordert, sondern auch eine Schadenersatzsumme genannt, die weit über den Möglichkeiten seiner Firma liegt.

Waldemar Grun möchte die Haftungskosten möglichst gering halten, denn er will den Schaden am liebsten gar nicht seiner Versicherung melden, sondern selbst begleichen. Aus diesem Grund ist es ihm auch wichtig, die Schadenssumme zu begrenzen.

Wirtschaftsmediation

Produktionsfehler

Für Waldemar Grun ist es zwar selbstverständlich, die Ware zu ersetzen, aber er will nicht für zusätzliche Arbeitsstunden, Transportkosten und angebliche Imageschäden der Knut und Feder GmbH aufkommen.

Er hat die Mediation vorgeschlagen.

Wirtschaftsmediation

Produktionsfehler

Siegfried Feder

32 Jahre

Maschinenbauingenieur

Seit einem Jahr Geschäftsführer im eigenen Start-Up-Unternehmen.

Er hat seine Firma vor drei Jahren gegründet. Er stellt hitzebeständige Werkzeuge für die Industrie her. Sein Onkel Knut, ist stiller Teilhaber und mischt sich nicht in die Geschäfte der GmbH ein.

Siegfried Feder ist mit seinen Produkten sehr erfolgreich und hat innerhalb kurzer Zeit eine Reihe von Kataloghändlern als Stammkunden gewinnen können. Der Jahresumsatz der Firma belief sich im letzten Geschäftsjahr auf 3,5 Mio. Euro.

Insgesamt arbeiten 25 Menschen für ihn. Die Produktion ist zum größten Teil automatisiert.

Weil Knut und Feder selbst erst durch einen wichtigen Kunden auf die Deformierung ihres Produktes hingewiesen wurden, ist Siegfried Feder besonders erbost.

Aus seiner Sicht hat sein Produktionsleiter alles richtig gemacht. Das Material war sowohl auf der CAD-Zeichnung wie auf der Bestellung korrekt angegeben, was er belegen kann.

Die Wareneingangskontrolle hatte keine Möglichkeit zu erkennen, dass die von der Grun und Söhne GmbH & Co. KG geleiferten Teile

Wirtschaftsmediation

Produktionsfehler

aus dem falschen Material gefertigt worden waren, da es sich um Stahl handelte.

Erst die Materialprüfung hatte den Fehler aufgedeckt.

Der Versandhändler, der seine Ware beanstandet hat, fordert seinerseits Schadenersatz.

Siegfried Feder ist um den guten Ruf seiner Firma und seiner Produkte besorgt. Aus diesem Grund erwartet er von Herrn Grun eine umfassende Wiedergutmachung des entstandenen Schadens.

Für ihn gehören dazu: Ersatzlieferung der Teile aus dem korrekten Stahl, Erstattung der Rückrufkosten für seine Firma und seines Kunden, der schon einen Teil ausgeliefert hat, Erstattung der Personal- und zusätzlich anfallenden Materialkosten und eine schriftliche Bestätigung von Herrn Grun, dass es sich um einen Fehler in seiner Firma handelt.

Herr Feder hat der Mediation nach einer Beratung mit seinem Onkel zugestimmt.

Wirtschaftsmediation

Wer soll die Nachfolge übernehmen?

Kurzbeschreibung

Gustav von Trog, Gründer des Familienbetriebes „Trog GmbH", ruft bei der Mediatorin an. Er wird im kommenden Jahr 85 Jahre alt und möchte sich endlich aus dem Tagesgeschäft zurückziehen.

Sein Problem: Keines seiner drei Kinder ist interessiert daran, die Geschäftsleitung zu übernehmen. Der Mitarbeiter, den er gern zum Geschäftsführer machen möchte, ist seinen Kindern aber auch nicht recht.

Medianden:

Gustav von Trog, Gründer

Camilla Ludewig von Trog, Tochter

Cäcilie Oberst von Trog, Tochter

Carl von Trog, Sohn

Wirtschaftsmediation

Wer soll die Nachfolge übernehmen?

Gustav von Trog

84 Jahre

Gründer und Geschäftsführer im eigenen Familienunternehmen

Gustav von Trog ist ein rüstiger älterer Herr. Vor 50 Jahren hat er seine Firma gegründet und leitet sie seither. Er hat 3 Kinder: Camilla Ludewig von Trog, 53, Cäcilie Oberst von Trog, 51 und Carl von Trog, 49.

Cäcilie leitet seit 23 Jahren die Marketingabteilung, Carl hat vor 19 Jahren die Kundenbetreuung übernommen. Alle drei Kinder sind auch Minderheitsgesellschafter mit jeweils 15%. Camilla arbeitet als einzige nicht in der Firma.

Die Trog GmbH macht einen Jahresumsatz von 15,8 Mio. Euro und hat 120 Mitarbeiter.

Gustav von Trog möchte nicht mehr im Tagesgeschäft tätig sein und findet, er hat sich in seinem Alter etwas mehr Ruhe verdient. Seine Kinder möchten die Geschäftsleitung nicht übernehmen. Zum einen, weil sie sich mit ihren Aufgaben wohl fühlen, zum anderen, weil keiner der beiden so viel arbeiten möchte. Sie haben sich im Laufe der Jahre daran gewöhnt, kommen und gehen zu können, wie es für sie passt. Von einem Geschäftsführer würde erwartet, dass er täglich im Geschäft wäre.

Gustav von Trog findet das sehr schade, hat diese Entwicklung aber vorausgesehen und einen engen Mitarbeiter (Daniel Kleinschmidt)

Wirtschaftsmediation

Wer soll die Nachfolge übernehmen?

über die Jahre mit dem Ziel aufgebaut, eines Tages die Geschäftsleitung zu übernehmen.

Als Gründer, Geschäftsführer und Vater, hält er es für sein Privileg, seinen Nachfolger zu bestimmen. Zwar hört er seine Kinder dazu an, aber letztlich vertraut er auf seine Erfahrung und Menschenkenntnis.

Ein wenig empört ist er schon darüber, dass seine Kinder seine Wahl angreifen. Schließlich haben sie keine Alternative vorzuweisen.

Wirtschaftsmediation

Wer soll die Nachfolge übernehmen?

Camilla Ludewig von Trog

53 Jahre, Tochter

Besitzt 15% Geschäftsanteile, nicht in der Trog GmbH tätig

Gustav von Trog ist ein rüstiger älterer Herr. Vor 50 Jahren hat er seine Firma gegründet und leitet sie seither.

Cäcilie leitet seit 23 Jahren die Marketingabteilung, Carl hat vor 19 Jahren die Kundenbetreuung übernommen. Alle drei Kinder sind auch Minderheitsgesellschafter mit jeweils 15%. Camilla arbeitet als einzige nicht in der Firma.

Die Trog GmbH macht einen Jahresumsatz von 15,8 Mio. Euro und hat 120 Mitarbeiter.

Gustav von Trog hat vorausgesehen, dass seine Kinder nicht seine Nachfolge antreten wollen würden, und einen engen Mitarbeiter (Daniel Kleinschmidt) über die Jahre mit dem Ziel aufgebaut, eines Tages die Geschäftsleitung zu übernehmen.

Camilla Ludewig von Trog versteht den Wunsch ihres Vaters, sich aus dem Tagesgeschäft zurück zu ziehen. Mit fast 85 Jahren wird es ihrer Meinung nach auch höchste Zeit.

Mit der Firma verbindet sie aber nur ihr Geschäftsanteil. Interesse an einer Mitarbeit in der Firma ihres Vaters hatte sie nie. Durch ihre

Wirtschaftsmediation

Wer soll die Nachfolge übernehmen?

Ehe mit einem bekannten Schönheitschirurgen ist sie finanziell abgesichert und verbringt ihre Tage mit der Organisation ihres Haushalts und von Wohltätigkeitsveranstaltungen.

Camilla Ludewig von Trog wäre es egal, welches ihrer Geschwister die Nachfolge ihres Vaters antritt, nur ein Fremder soll es nicht sein. Sie kennt Daniel Kleinschmidt, den Kronprinzen ihres Vaters, zwar nicht, aber er ist nun mal nicht Familie.

Wirtschaftsmediation

Wer soll die Nachfolge übernehmen?

Cäcilie Oberst von Trog

51 Jahre, Tochter

Besitzt 15% Geschäftsanteile, Marketingleiterin seit 23 Jahren

Gustav von Trog ist ein rüstiger älterer Herr. Vor 50 Jahren hat er seine Firma gegründet und leitet sie seither.

Cäcilie leitet seit 23 Jahren die Marketingabteilung, Carl hat vor 19 Jahren die Kundenbetreuung übernommen. Alle drei Kinder sind auch Minderheitsgesellschafter mit jeweils 15%. Camilla arbeitet als einzige nicht in der Firma.

Die Trog GmbH macht einen Jahresumsatz von 15,8 Mio. Euro und hat 120 Mitarbeiter.

Gustav von Trog hat vorausgesehen, dass seine Kinder nicht seine Nachfolge antreten wollen würden, und einen engen Mitarbeiter (Daniel Kleinschmidt) über die Jahre mit dem Ziel aufgebaut, eines Tages die Geschäftsleitung zu übernehmen.

Cäcilie Oberst von Trog hat während der letzten 23 Jahre viel Zeit in der Firma ihres Vaters verbracht. Die Marketingabteilung besteht aus ihr selbst und zwei weiteren Mitarbeiterinnen, deren Vorgesetzte sie ist. Die drei verstehen sich gut und die beiden Angestellten tolerieren Cäcilies Spontanurlaube und gelegentlichen Gefühlsausbrüche. Im Gegenzug ist Cäcilie großzügig bei Urlaubsanträgen und Gehaltswünschen.

Wirtschaftsmediation

Wer soll die Nachfolge übernehmen?

Cäcilie möchte diese Freiheiten nicht aufgeben. Daniel Kleinschmidt hat sie mehrmals herausgefordert, in dem er ihr Fragen gestellt hatte, auf die sie keine Antwort wusste. Sie unterstellt ihm, dass er sie für unfähig und faul hält und nur in der Firma arbeitet, weil sie ein überdurchschnittliches

Gehalt für ihre Tätigkeit bekommt. Sie befürchtet, dass er ihr als Geschäftsführer immer wieder auf die Füße treten würde.

Das hält sie für ungeheuerlich, schließlich ist sie die Tochter des Gründers.

Wirtschaftsmediation

Wer soll die Nachfolge übernehmen?

Carl von Trog

49 Jahre, Sohn

Besitzt 15% Geschäftsanteile, Kundenbetreuer seit 19 Jahren

Gustav von Trog ist ein rüstiger älterer Herr. Vor 50 Jahren hat er seine Firma gegründet und leitet sie seither.

Cäcilie leitet seit 23 Jahren die Marketingabteilung, Carl hat vor 19 Jahren die Kundenbetreuung übernommen. Alle drei Kinder sind auch Minderheitsgesellschafter mit jeweils 15%. Camilla arbeitet als einzige nicht in der Firma.

Die Trog GmbH macht einen Jahresumsatz von 15,8 Mio. Euro und hat 120 Mitarbeiter.

Gustav von Trog hat vorausgesehen, dass seine Kinder nicht seine Nachfolge antreten wollen würden, und einen engen Mitarbeiter (Daniel Kleinschmidt) über die Jahre mit dem Ziel aufgebaut, eines Tages die Geschäftsleitung zu übernehmen.

Carl von Trog ist begeisterter Segler und Golfer. Seine vielen beruflich bedingten Reisen, die ihn über den ganzen Globus führen, bieten ihm fast jedes Mal die Gelegenheit, seine Hobbys auszuüben.

Offiziell nennt er es Kundenpflege, denn auch einige der größten Kunden segeln oder golfen. Er ist der Sunny Boy der Familie. Das Leben ist leicht, die Welt liegt ihm zu Füßen und die Kunden lieben seine lockere Art, wenn es darum geht, Geschäfte anzubahnen.

Wirtschaftsmediation

Wer soll die Nachfolge übernehmen?

Sein Erfolg scheint ihm recht zu geben. Er kommt praktisch nie ohne einen großen Auftrag zurück. In der Vergangenheit hat er oft interessante Kontakte zu potenziellen Kooperationspartnern geknüpft, die ihm neue

Produktideen oder Märkte erschlossen haben. Sein Vater hat sich nie in seine Arbeitsweise eingemischt.

Daniel Kleinschmidt ist jedoch das genaue Gegenteil von ihm, Carl. Daniel Kleinschmidt ist korrekt, gewissenhaft, stets besorgt um das Wohl der Firma. Alles will er schriftlich haben. Er hat sogar schon einmal seine Spesenabrechnung hinterfragt!

Carl von Trog hält Daniel Kleinschmidt für kleingeistig und einen Erbsenzähler. Er kann sich nicht vorstellen, dass er gut für die Zukunft der Firma ist.

Selbst will er die Geschäftsleitung aber auch nicht übernehmen. Er fühlt sich wohl mit seinen Aufgaben.

Wirtschaftsmediation

Das Bibliotheksregal

Kurzbeschreibung

Bernd Vogelsang ruft den Mediator an. Er möchte mit einem Kunden kommen, der seine Arbeitsleistung reklamiert hat und seine Beteiligung an dem aktuellen Zustand nicht einsehen will.

Medianden:

Dr. Jochen Rickerts

Bernd Vogelsang

Wirtschaftsmediation

Das Bibliotheksregal

Bernd Vogelsang

41 Jahre

Möbelschreiner, Spezialgebiet: Maß- und Sonderanfertigungen

Bernd Vogelsang erhielt von Dr. Jochen Rickerts den Auftrag, ein Bibliotheksregal zu bauen. Sein Kunde hatte ihm die Maße und eine Skizze bereits bei der Preisanfrage mitgeliefert. Dr. Rickerts wünschte Kirschbaumholz.

Bernd Vogelsang hatte dem Kunden Kirschbaumfurnier auf MDF angeboten, da eine Anfertigung in Vollholz bei der gewünschten Größe über 20.000 Euro allein an Materialwert ergeben hätte. Die angebotene Ausführung kostete nur knapp die Hälfte.

Dr. Rickerts hatte sein Angebot angenommen. Der Aufbau sollte zudem schnell erfolgen, innerhalb von vier Wochen nach Auftragsvergabe. Bernd Vogelsang musste deshalb zwei größere Aufträge nach hinten verschieben, was diese Kunden wiederum nicht begeisterte.

Bei der Abnahme beanstandete Dr. Rickerts das Material sowie den Umstand, dass die Regale nicht bündig mit der Zimmerdecke abschlossen, sondern ca. 1,5 cm darunter endeten.

Bernd Vogelsang berief sich auf die Maße und die Skizze, die Dr. Rickerts ihm als Arbeitsgrundlage gegeben hatte. Seine Arbeit stimmte exakt mit den Vorgaben des Kunden überein.

Wirtschaftsmediation

Das Bibliotheksregal

Dr. Rickerts drohte ihm mit einer Klage und war in dieser Situation nur schwer zu beruhigen gewesen.

Normalerweise werden Streitigkeiten dieser Art bei der Schlichtungsstelle der Handwerkskammer verhandelt. Dies lehnte Dr. Rickerts jedoch ab, da er diese für parteilich hielt. Aus diesem Grund hatte Bernd Vogelsang sich auf eine Mediation eingelassen.

Aus seiner Sicht hat er alles richtig gemacht, außer vielleicht, den Kunden explizit auf den Material- und Preisunterschied hinzuweisen. Er hofft auf eine gütliche Einigung, um seine Firma vor negativen Beurteilungen zu schützen.

Wirtschaftsmediation

Das Bibliotheksregal

Dr. Jochen Rickerts

35 Jahre

Dr. phil., promoviert in Geschichte

Dr. Jochen Rickerts hat sich gerade eine Eigentumswohnung gekauft, in der er eine Bibliothek einrichten möchte. Um Zeit zu sparen, hatte er Bernd Vogelsang die Maße und eine Skizze bereits bei der Preisanfrage mitgeliefert. Dr. Rickerts wünschte Kirschbaumholz.

Bernd Vogelsang schickte ihm zügig ein Angebot, dass Dr. Rickerts annahm. Der Aufbau sollte schnell erfolgen, innerhalb von vier Wochen nach Auftragsvergabe.

Dr. Rickerts ist zutiefst empört über die schlechte Arbeitsleistung von Bernd Vogelsang. Schließlich konnte er wohl davon ausgehen, dass er ein Profi seines Fachs sei und sich nicht blind auf Kundenmaße verlässt. Außerdem hatte er ausdrücklich Vollholz angefragt und nicht Furnier. Aus seiner Sicht, sollte das Regal komplett rausgerissen und neu gebaut werden, in der Qualität, die er sich gewünscht hatte und mit der Zimmerdecke bündig abschließend. Das gelieferte Regal ließ einen Spalt von ca. 1,5 cm zur Zimmerdecke.

Er hatte sich zwar über die Materialbezeichnung auf dem Angebot gewundert, dem aber keine weitere Bedeutung beigemessen, da er in dem Stress, die neue Eigentumswohnung nach seinen Wünschen zu gestalten, mit vielen Handwerkern und dem Innenarchitekten ohnehin schon sehr viel zu tun gehabt hatte.

Wirtschaftsmediation

Das Bibliotheksregal

Seine Bibliothek sollte perfekt werden, nach dem Vorbild englischer Bibliotheken. Auch seine Möbel waren in diesem Stil gehalten und aus Vollholz. Furnier sieht, seiner Meinung nach, billig aus und seine Bücher, die er mit so viel Geduld und Liebe ausgewählt hatte, verdienten schlichtweg auf Vollholz zu stehen.

Bernd Vogelsang hatte ihm die Verhandlung bei der Schlichtungsstelle der Handwerkskammer vorgeschlagen. Das kommt für ihn aber auf gar keinen Fall in Frage. Es ist ja bekannt, dass eine Krähe der anderen kein Auge aushackt.

Im Rahmen einer Mediation will Dr. Rickerts zu seinem Recht kommen.

Wirtschaftsmediation

Der Tenor

Kurzbeschreibung

Nikolaus Lienau ruft bei der Mediatorin an. Er ist Regisseur am Stadttheater und will mit zwei seiner Gesangsstars kommen.

Medianden:

Otavio Valdez de la Cançon

Catharina Ode

Nikolaus Lienau

Wirtschaftsmediation

Der Tenor

Otavio Valdez de la Cançon

47 Jahre

Tenor

Otavio Valdez de la Cançon ist ein international anerkannter Tenor. Seine Stimme ist weltberühmt und sehr markant. Er ist für die aktuelle Spielzeit am Stadttheater engagiert.

Er achtet sehr auf seine Stimme, die seit zwei Wochen jedes Mal versagt, wenn Catharina Ode mit ihm auf der Probebühne steht. Er weiß nicht, was sie macht oder wie sie es tut, aber er ist fest davon überzeugt, dass sie ihm irgendetwas in seine Karaffe tut, das seine Stimmbänder lähmt. Wenn das so weiter geht, wird er das Stadttheater verlassen, bevor er auch nur eine einzige Aufführung gespielt hat.

Catharina Ode hat ihm geschworen, nichts damit zu tun zu haben. Aber er glaubt ihr nicht. Als sie ihm Vorgestern vorgeschlagen hatte, mal einen Therapeuten aufzusuchen, ist er komplett ausgerastet. Er ist über die Probebühne gestürmt, von einer Seite auf die andere und wieder zurück. Dabei ließ er seiner Verzweiflung in seiner Muttersprache Spanisch freien Lauf. Otavio Valdez de la Cançon erinnert sich nicht mehr genau daran, was er gesagt hat. Angeblich hat er sie als Hexe und eitle Elster, die zu Unrecht so beliebt ist, bezeichnet.

Das tut ihm im Nachhinein leid. Sein Temperament ist mit ihm durchgegangen. Er selbst nimmt das nicht so ernst, warum sollten es andere dann tun?

Wirtschaftsmediation

Der Tenor

Sein größtes Problem ist das Versagen seiner Stimme. Dafür gibt es nach wie vor keine plausible Erklärung. Schlimmstenfalls wird er nicht spielen können.

Wirtschaftsmediation

Der Tenor

Catharina Ode

43 Jahre

Sopranistin

Catharina Ode ist eine Sopranistin internationalen Ranges. Für sie ist das Engagement im Stadttheater eine Art Heimaturlaub. Sie ist hier geboren und aufgewachsen. Die Menschen sind stolz auf ihr berühmtes Kind und die Vorstellungen waren innerhalb einer Woche für die gesamte Spielzeit ausverkauft.

Als Künstlerin fühlt sich Catharina Ode sehr geschmeichelt. In den ersten Wochen konnte sie sich vor Blumen, Autogrammjägern und Selfie-Fotografen kaum retten. Natürlich erzählte sie auch den Kollegen davon, obwohl das gar nicht nötig gewesen wäre, denn es war ja offensichtlich. Die Kollegen schauten zwar manchmal etwas neidisch, aber Neid gehört bei Künstlern zum guten Ton. Jeder will die ungeteilte Aufmerksamkeit des Publikums und möglichst viele Fans. Das tut gut und bestätigt ihnen, dass sie sich nicht umsonst über Jahre gequält haben. Erfolg kommt eben nicht nur durch Talent, er ist in erster Linie harte Arbeit.

Catharina Ode sieht ihre großen Auftritte durch die Stimmprobleme von Otavio Valdez de la Cançon gefährdet. Sie hat ihm schon Stein und Bein geschworen, nichts damit zu tun zu haben. Aber er will nicht auf sie hören. Als sie ihm Vorgestern vorgeschlagen hatte, mal einen Therapeuten aufzusuchen, ist er komplett ausgerastet. Er ist über die Probebühne gestürmt, von einer Seite auf die andere und wieder zurück. Dabei sprach er so schnell in seiner Muttersprache

Wirtschaftsmediation

Der Tenor

Spanisch, dass sie kaum verstand, was er von sich gab. Nur so viel hat sie verstanden: er bezeichnet sie als Hexe und eitle Elster, die zu Unrecht so beliebt ist.

Das war ihr dann doch zu viel des Guten. Sie wandte sich an den Regisseur, Nikolaus Lienau, der ebenso ratlos war wie sie selbst.

Sie hofft, den Tenor von ihrer Unschuld überzeugen zu können und ihn dazu zu bewegen, sich professionelle Hilfe zu holen, damit sie die kommende Spielzeit gemeinsam genießen können.

Wirtschaftsmediation

Der Tenor

Nikolaus Lienau

56 Jahre

Opernregisseur

Nikolaus Lienau ist am Rande eines Nervenzusammenbruchs.

Seine beiden besten Sänger streiten sich und können nicht miteinander singen.

Katastrophe!

Otavio Valdez de la Cançon ist ein international anerkannter Tenor. Seine Stimme ist weltberühmt und sehr markant. Er ist für die aktuelle Spielzeit am Stadttheater engagiert.

Catharina Ode ist eine Sopranistin internationalen Ranges. Für sie ist das Engagement im Stadttheater eine Art Heimaturlaub. Sie ist hier geboren und aufgewachsen. Die Menschen sind stolz auf ihr berühmtes Kind und die Vorstellungen waren innerhalb einer Woche für die gesamte Spielzeit ausverkauft. Ein großartiger Erfolg für das Stadttheater.

Vorgestern kam es zum Eklat. Otavio rastete nach einer Bemerkung von Catharina aus. Er drohte damit, die Stadt zu verlassen und seinen Vertrag nicht zu erfüllen.

Das muss auf jeden Fall verhindert werden.

Was auch immer die Mediatorin tun kann, sie soll es tun. Wo soll er auf die schnelle einen anderen Tenor von Otavios Kaliber hernehmen?

Innerbetriebliche Mediation

Mein Chef spinnt

Kurzbeschreibung

Franziska Frei kommt in das Büro der betriebsinternen Mediatorin. Aufgebracht erzählt sie von ihrem Vorgesetzten, der ihre Arbeitsaufgaben an sich reißt. Franziska Frei bezeichnet das als Mobbing.

Medianden:

Franziska Frei

Hubert Graf

Innerbetriebliche Mediation

Mein Chef spinnt

Franziska Frei

42 Jahre

Assistenz der Geschäftsleitung

Franziska Frei arbeitet seit zehn Jahren in einem Unternehmen mit 150 Mitarbeitern, das optische Geräte entwickelt und produziert. Vor zwei Jahren ist ein neuer Geschäftsführer eingestellt worden.

Mit ihrem alten Vorgesetzten ist sie immer gut ausgekommen. Sie war seine „Rechte Hand" und hat alles Organisatorische für ihn erledigt. Dazu gehörten insbesondere die Personalarbeit, die Rechnungsprüfung sowie Versicherungsangelegenheiten.

Ihr alter Vorgesetzter war immer zufrieden mit ihrer Arbeit gewesen. Er ist aus Altersgründen ausgeschieden.

Vor zwei Jahren wurde ein neuer Geschäftsführer eingestellt, Hubert Frei, 49. Es ist seine erste Anstellung als Geschäftsführer.

Eigentlich findet Franziska ihn sympathisch, aber sie kommt mit seiner Arbeitsweise nicht zurecht. Er gibt ihr nur profane Aufgaben, redet kaum mit ihr und leitet für sie wichtige Informationen nicht weiter. Sie muss oft warten, um Unterschriften zu bekommen oder Organisatorisches zu besprechen. Manchmal wartet sie über Monate auf eine Information. Es kommt auch häufiger vor, dass er Absprachen mit Mitarbeitern trifft, die arbeitsrechtlich relevant sind, von denen er ihr nicht erzählt. Franziska findet das furchtbar und

Innerbetriebliche Mediation

Mein Chef spinnt

denkt immer häufiger über Kündigung nach, obwohl sie sich in der Firma eigentlich wohl fühlt.

Sie bittet die Mediatorin, ein klärendes Gespräch zu arrangieren.

Innerbetriebliche Mediation

Mein Chef spinnt

Hubert Graf

49 Jahre

Angestellter Geschäftsführer

Hubert Graf ist seit zwei Jahren Geschäftsführer eines Unternehmens mit 150 Mitarbeitern, das optische Geräte entwickelt und produziert. Es ist seine erste Anstellung als Geschäftsführer. Davor war er Produktentwickler bei einem Konkurrenzunternehmen mit 25 Mitarbeitern.

Franziska Frei arbeitet seit zehn Jahren im Unternehmen als Assistenz der Geschäftsleitung. Hubert Graf hatte nur Gutes über sie gehört und daher keine Einwände gehabt, sie als seine Assistenz zu übernehmen. Auch dachte er, dass es ihm nützlich sein könnte, ihre Kenntnis über die Interna des Unternehmens zu bewahren.

Die Einarbeitung fällt Hubert Graf leicht. Er kennt sich gut mit den Produkten und der Branche aus. Da macht ihm keiner was vor. Am Liebsten hält er sich in der Produktentwicklung auf, redet mit den Ingenieuren und Technikern. Auch die Kunden betreut er am liebsten selbst.

Weil er häufig unterwegs ist und auch gern zuhause arbeitet, sieht er Franziska Frei in der Regel nicht mehr als zwei Stunden täglich. Es kommt aber auch oft vor, dass er sie gar nicht sieht.

Innerbetriebliche Mediation

Mein Chef spinnt

Weil er Dinge gern schnell erledigt und der Ansicht ist, dass er das kann, bestellt er Ware, trifft Absprachen mit Mitarbeitern oder spricht mit Dienstleistern, wie dem Steuerberater oder dem Versicherungsmakler.

Hubert Graf arbeitet durchschnittlich siebzig Stunden pro Woche. Er hat zu jeder Zeit so viele Projekte im Kopf, dass er kaum dazu kommt, mit Frau Frei zu sprechen oder eine Mail zu schreiben.

Aber das kann ja nicht so schlimm sein. Wichtig ist doch nur, dass die Arbeit erledigt wird.

Innerbetriebliche Mediation

Waldi darf nicht ins Büro

Kurzbeschreibung

Claudia Schmitz ruft bei der Mediatorin an. Sie will mit ihrem Büroleiter kommen, weil der ihr nicht gestattet, ihren Mischlingsrüden Waldi mit ins Büro zu nehmen.

Medianden:

Claudia Schmitz

Frank Tändler

Innerbetriebliche Mediation

Waldi darf nicht ins Büro

Claudia Schmitz

43 Jahre

Verkaufsmitarbeiterin

Claudia Schmitz arbeitet seit fünf Jahren im Verkauf einer Holzfirma. Ihr Arbeitsplatz befindet sich in einem Büro, das sie sich mit vier anderen Kollegen teilt.

Ihr Mischlingsrüde Waldi ist acht Jahre alt und macht neuerdings nur Unfug in ihrer Wohnung während sie weg ist. Den Hund ins Büro mitzunehmen, ist die einzige Lösung, die ihr einfällt.

Die Kollegen im Büro hätten grundsätzlich nichts dagegen. Nur ihr Büroleiter, Frank Tändler, sperrt sich.

Claudia Schmitz will nicht einfach aufgeben, sondern ihn im Rahmen einer Mediation zur Einsicht bewegen.

Innerbetriebliche Mediation

Waldi darf nicht ins Büro

Frank Tändler

31 Jahre

Büroleiter des Verkaufs einer Holzfirma

Claudia Schmitz arbeitet seit fünf Jahren im Verkauf einer Holzfirma. Ihr Arbeitsplatz befindet sich in einem Büro, das sie sich mit vier anderen Kollegen teilt.

Ihr Mischlingsrüde Waldi ist acht Jahre alt und macht neuerdings nur Unfug in ihrer Wohnung während sie weg ist. Den Hund ins Büro mitzunehmen, ist die einzige Lösung, die ihr einfällt.

Die Kollegen im Büro hätten grundsätzlich nichts dagegen.

Frank Tändler hat als Vorgesetzter das Mitbringen des Hundes untersagt.

Er versteht zwar die Beweggründe seiner Mitarbeiterin, sieht die Firma jedoch nicht in der Pflicht hier Abhilfe zu schaffen.

Frank Tändler hat während seiner Zivildienstzeit in einer Tierauffangstation gearbeitet und kennt sich mit den Bedürfnissen von Tieren gut aus. In seinen Augen ist ein Büro, in dem fünf Menschen den ganzen Tag telefonieren und viel Betrieb herrscht, kein guter Ort für einen Hund. Der Lärm und die Enge, wo es keinen Platz für einen geeigneten Rückzugsort für den Hund gibt, sind nach seiner Meinung pure Tierquälerei.

Um den Betriebsfrieden wieder herzustellen, hat er in die Mediation eingewilligt. Er ist fest entschlossen, nicht nachzugeben.

Innerbetriebliche Mediation

Biometrische Daten am Arbeitsplatz

Kurzbeschreibung

Hendrik Büttner ruft den Mediator an. Er ist Gründer eines Start-Ups und hat ein Problem mit einem seiner Mitarbeiter.

Medianden:

Hendrik Büttner

Simon Quaschny

Innerbetriebliche Mediation

Biometrische Daten am Arbeitsplatz

Hendrik Büttner

23 Jahre

Gründer eines Start-Up Unternehmens

Hendrik Büttner hat nach dem Abitur eine Agentur für Online-Promotion gegründet. Das Geschäft läuft so gut, dass er nach zwei Jahren schon fünfzehn Mitarbeiter hat. Seine Mitarbeiter sind junge Männer in seinem Alter, die sämtlich ausgesprochen technikaffin sind.

Es gibt vier Programmierer, zwei Videospezialisten, zwei Toningenieure, vier Kundenbetreuer, zwei Texter und einen Betriebswirt.

Er selbst kümmert sich um die Betreuung der VIP-Kunden und Kundenakquise.

Sein Problem besteht darin, dass Simon Quaschny, 23, einer seiner Programmierer, sich einen Chip implantiert hat, mit dem er per IR-Verbindung theoretisch auch Daten aus dem Firmennetzwerk ziehen kann.

Auf die Problematik angesprochen hat Simon Quaschny genervt und abweisend reagiert. Er hat Hendrik Büttner als paranoiden Kontrollfreak bezeichnet und es abgelehnt offenzulegen, was auf seinem Implantat gespeichert ist und welche Funktion dieser hat.

Innerbetriebliche Mediation

Biometrische Daten am Arbeitsplatz

Hendrik Büttner möchte gern der entspannte und coole Chef sein. Konflikte findet er an sich nicht so dramatisch. Bisher hat er sich mit seinen Jungs immer wieder zusammen gerauft. Schließlich erlauben ihm seine Umsätze auch, gute Gehälter zu zahlen.

In dieser Sache fühlt er sich allerdings hilflos. Er muss seinen Mitarbeitern vollständig vertrauen können. Die Konkurrenz schläft nicht und Online-Business ist ein riesiger Markt, mit dem sich sehr viel Geld verdienen lässt.

Simon Quaschny arbeitet in der Produktentwicklung als Programmierer und hat somit Zugang zu allen sensiblen Daten. Kämen sie in die Hände der Konkurrenz, könnte Hendrik Büttner auch gleich schließen. Er fürchtet um seine Existenz, die der Firma und seiner Mitarbeiter.

Innerbetriebliche Mediation

Biometrische Daten am Arbeitsplatz

Simon Quaschny

23 Jahre

Programmierer in einem Start-Up Unternehmen

Simon Quaschny arbeitet für Hendrik Büttner, der nach dem Abitur eine Agentur für Online-Promotion gegründet hat. Es gibt vier Programmierer, zwei Videospezialisten, zwei Toningenieure, vier Kundenbetreuer, zwei Texter und einen Betriebswirt.

Hendrik Büttner kümmert sich um die Betreuung der VIP-Kunden und Kundenakquise.

Simon Quaschny will immer ganz vorn dabei sein. Er ist ein genialer Programmierer und da darf auch ein Implantat nicht fehlen. Es ist bereits sein drittes. Bei seiner Einstellung hatte er schon zwei Implantate. Das eine zeichnet seine Vitaldaten auf und sendet es an sein Smartphone. Das andere dient als Speicher für Passworte und Codes. Das dritte Implantat ist eine neue Generation, mit der er sowohl über IR wie auch WLan Daten senden und empfangen kann. Diese Funktionen werden durch eine bestimmte Bewegung seines Ringfingers ausgelöst. Das Implantat ist an der Wurzel des Ringfingers eingesetzt.

Er versteht die Aufregung von Hendrik Büttner überhaupt nicht. Vielmehr ist er der Meinung, dass Hendrik Büttner übertreibt und von der Verantwortung, die Firma zu führen, völlig überfordert ist.

Innerbetriebliche Mediation

Biometrische Daten am Arbeitsplatz

Da es sich bei dem Implantat quasi um ein Körperteil handelt, sieht er nicht ein, Hendrik Büttner nähere Informationen über die Funktion dieses Implantats zu geben.

Innerbetriebliche Mediation

Die Leistungsbeurteilung

Kurzbeschreibung

Ulrich Uhde ruft bei der Mediatorin an. Er hat Probleme am Arbeitsplatz.

Medianden:

Ulrich Uhde

Dr. Damian Paape

Innerbetriebliche Mediation

Die Leistungsbeurteilung

Ulrich Uhde

44 Jahre

Sachbearbeiter in der Unteren Baubehörde

Ulrich Uhde ist unzufrieden mit seiner letzten Leistungsbeurteilung. Er ist der Meinung, alle erforderlichen Kriterien für eine gute Leistungsbeurteilung, und die damit verbundene Einstufung in eine höhere Besoldungsstufe, erfüllt zu haben.

Ulrich Uhde ist ein äußerst korrekter Mensch. Er arbeitet alle Vorgänge exakt nach Vorschrift ab, ist höflich zu den Bürgern und zuvorkommend zu seinen Kollegen.

Im Allgemeinen fällt er nicht auf, weder durch besondere Leistungen noch durch Fehler.

Er bemüht sich, von anderen Menschen als angenehm und umgänglich wahrgenommen zu werden.

Dr. Paape hat Herrn Uhde in ihrem jährlichen Beurteilungsgespräch gesagt, man merke, dass er aus einer traditionsreichen Beamtendynastie stamme. Das gefiel Herrn Uhde überhaupt nicht.

Im Rahmen der Mediation möchte er die Hintergründe für seine letzte Leistungsbeurteilung erfahren und seinen Vorgesetzten zum Überdenken seiner Entscheidung bewegen.

Innerbetriebliche Mediation

Die Leistungsbeurteilung

Dr. Damian Paape

35 Jahre

Amtsleiter der Unteren Baubehörde

Dr. Damian Paape hat als Amtsleiter der Unteren Baubehörde die Verantwortung für 27 Beamte. Durch die gesetzlichen Änderungen der vergangenen Jahre, insbesondere im Energieeffizienzbereich, gibt es mehr als genug zu tun.

Im vergangenen Jahr, auf das sich die Leistungsbeurteilung von Herrn Uhde bezieht, gab es vier Schwangerschaften mit nachfolgender Elternzeit, zwei Bandscheiben-Operationen, einen Todesfall und drei Pensionierungen. Das hatte zur Folge, dass die restlichen Mitarbeiter mehr Vorgänge bearbeiten mussten und gleichzeitig neue Kollegen einarbeiten mussten. Trotz dieser Schwierigkeiten haben sie die Arbeit mit einem Zielerreichungsgrad von 86% erledigt. Darauf ist Dr. Paape sehr stolz.

Herr Uhde hat sich in dieser schwierigen Situation zwar ebenfalls um zusätzliche Vorgänge gekümmert, sie aber trotz Fristen nicht zeitnah bearbeitet und ca. ein Viertel gar nicht abgeschlossen, sondern sie seinen zurück gekehrten Kollegen und Kolleginnen wieder übergeben.

Innerbetriebliche Mediation

Die Leistungsbeurteilung

Dr. Paape findet Herrn Uhde zwar sympathisch und respektiert ihn für sein Fachwissen, seine Arbeitsweise hält er jedoch für unzeitgemäß. Scherzhaft hatte er Herrn Uhde in ihrem jährlichen Beurteilungsgespräch gesagt, man merke, dass er aus einer traditionsreichen Beamtendynastie stamme. Das hatte Herrn Uhde überhaupt nicht gefallen.

Letztlich möchte Dr. Paape die Mediation dazu nutzen, sich für seine Bemerkung bei Herrn Uhde zu entschuldigen. Seine Leistungsbeurteilung hält er für absolut gerechtfertigt.

Familienmediation

Wo wohnen die Kinder?

Kurzbeschreibung

Das Ehepaar Schreiber ruft gemeinsam bei der Mediatorin an. Sie haben sich entschieden, sich zu trennen. Sie möchten Unterstützung bei der Lösungsfindung für die Besuchsregelung der Kinder.

Medianden:

Rolf Schreiber

Christine Schreiber

Familienmediation

Wo wohnen die Kinder?

Rolf Schreiber

56 Jahre

IT-Kaufmann

Rolf Schreiber ist als IT-Kaufmann bei einem großen Versandhandel angestellt. Seine Frau, Christine, arbeitet als Flugbegleiterin auf innerdeutschen Strecken. Sie hat unregelmäßige Arbeitszeiten und arbeitet häufig an Wochenenden. Manchmal springt sie zusätzlich für kranke Kollegen ein.

Beide sind sich einig darüber, dass eine Scheidung richtig ist.

Nur in Bezug auf die Kinderbetreuung und die Besuchsregelung sind sie sich nicht einig.

Rolf Schreiber würde gern die tägliche Betreuung für Jonas, 11, und Johanna, 9, übernehmen. Er findet, die besseren Argumente zu haben. Seine Arbeitszeit ist geregelt, 40-Stunden-Woche, 5-Tage-Woche.

Rolf meint, dass Christine und die Kinder sich in den Ferien sehen können und an den Wochenenden, die Christine tatsächlich frei hat. Er plädiert für eine flexible Lösung, damit die Kinder nicht regelmäßig enttäuscht werden. Er befürchtet, dass Christine durch ihre Springerposition häufig Wochenenden absagen muss und die Kinder sich dadurch zurückgewiesen fühlen würden.

Familienmediation

Wo wohnen die Kinder?

Christine Schreiber

33 Jahre

Flugbegleiterin

Christine, arbeitet als Flugbegleiterin auf innerdeutschen Strecken. Sie hat unregelmäßige Arbeitszeiten und arbeitet auch an Wochenenden. Manchmal springt sie zusätzlich für kranke Kollegen ein.

Rolf und Christine sind sich einig darüber, dass eine Scheidung richtig ist. Nur in Bezug auf die Kinderbetreuung und die Besuchsregelung sind sie sich nicht einig.

Rolf Schreiber würde gern die tägliche Betreuung für Jonas, 11, und Johanna, 9, übernehmen. Er findet, die besseren Argumente zu haben. Seine Arbeitszeit ist geregelt, 40-Stunden-Woche, 5-Tage-Woche.

Christine meint, die beiden seien alt genug, um selbst zu entscheiden. Sie könne sich ebenso gut um die Kinder kümmern. Schließlich habe sie sich für Inlandflüge einteilen lassen und hätte fast die gleichen Arbeitszeiten wie eine Verkäuferin. Sie würde sogar auf die lukrativen Springerflüge verzichten, damit sie an den Wochenenden zuhause sein kann.

Christine will die Mediation nutzen, um Rolf zur Vernunft zu bringen.

Familienmediation

Scheidung á la carte

Kurzbeschreibung

Maximilian Böhlcke ruft bei der Mediatorin an. Er will sich von seiner Frau trennen.

Medianden:

Maximilian Böhlcke

Marianne Böhlcke, geb. Schweiger

Familienmediation

Scheidung á la carte

Maximilian Böhlcke

61 Jahre

Privatier

Maximilian Böhlcke ist seit 3 Jahren mit Marianne Böhlcke, geb. Schweiger, 35, verheiratet. Die Ehe mit Marianne ist seine Dritte.

Er stammt aus einer Unternehmerdynastie, die ihn finanziell unabhängig und sorglos sein lässt. Seine Einstellung zu Geld lautet: Über Geld spricht man nicht, man hat es.

Seine Vorliebe für junge Frauen ist in seinem Umfeld bekannt. Mit 35 Jahren ist Marianne Böhlcke für ihn nicht mehr interessant. Nach insgesamt vier Jahren Beziehung, von denen sie drei Jahre verheiratet waren, langweilt er sich mit ihr.

Ein Ersatz ist bereits gefunden: die 25-jährige Italienerin, Sofia Caglieri, soll Ehefrau Nummer vier werden.

Maximilian Böhlcke rechnet sich zu den Machern und will die Scheidung von Marianne schnell und endgültig abwickeln. Dafür ist ihm kein Preis zu hoch.

Er bietet ihr die Finca auf Ibiza, den 1968er Porsche und die Stadtwohnung in Berlin an. Außerdem will er ihr ein monatliches Taschengeld von 8.500 Euro zahlen.

Familienmediation

Scheidung á la carte

Marianne hat in die Mediation eingewilligt, weil er ihr angekündigt hat, dass sie bei einem Scheidungsrichter mit Sicherheit weniger bekäme, da sie sich durch Erwerbsarbeit selbst versorgen könne.

Vermögensverhältnisse von Herrn Böhlcke:

Geschätztes Gesamtvermögen: ca. 4,5 Milliarden Euro

Davon Immobilien:	
	Stadthaus in Berlin, ca. 10,3 Mio. Euro
	Stadtwohnung in Berlin, ca. 1,2 Mio. Euro
	Finca auf Ibiza, ca. 2,6 Mio. Euro
	Kleiner Palazzo auf Capri, ca. 1,75 Mio. Euro
	Penthouse in New York, ca. 8,5 Mio USD
	Ranch in Arizona, 13,7 Mio. Euro
Außerdem verschiedene insbesondere Gold	Firmenbeteiligungen, Rohstoffe

Familienmediation

Scheidung á la carte

Marianne Böhlcke, geb. Schweiger

35 Jahre

Ehefrau, vor ihrer Heirat war sie Erste Hausdame in einem Stuttgarter 5-Sterne-Hotel

Maximilian Böhlcke ist seit 3 Jahren mit Marianne Böhlcke, geb. Schweiger, 35, verheiratet. Die Ehe mit Marianne ist seine Dritte.

Er stammt aus einer Unternehmerdynastie, die ihn finanzielle unabhängig und sorglos sein lässt. Seine Einstellung zu Geld lautet: Über Geld spricht man nicht, man hat es.

Seine Vorliebe für junge Frauen ist in seinem Umfeld bekannt. Mit 35 Jahren ist Marianne Böhlcke für ihn nicht mehr interessant. Nach insgesamt vier Jahren Beziehung, von denen sie drei Jahre verheiratet waren, langweilt er sich mit ihr.

Ein Ersatz ist bereits gefunden: die 25-jährige Italienerin, Sofia Caglieri, soll Ehefrau Nummer vier werden.

Marianne ist verletzt, aber nicht naiv. Schon zu Beginn ihrer Beziehung hatte sie einerseits die Befürchtung, dass diese nicht lange halten würde, andererseits war der Lebensstandard, den Maximilian Böhlcke ihr bieten konnte, verlockend gewesen. Allerdings zählt sie sich nicht zu den Goldgräbern. Sie war aufrichtig verliebt in den charismatischen Mann.

Als Frau ist sie gekränkt von der offensichtlich zur Schau gestellten Langeweile ihres Ehemannes.

Familienmediation

Scheidung á la carte

Sie hat in die Mediation eingewilligt, weil sie sich ihrem mächtigen und wohlhabenden Mann unterlegen fühlt. Dieser hatte ihr angekündigt, dass ein Scheidungsrichter ihr wesentlich weniger anbieten würde als er. Er

bietet ihr die Finca auf Ibiza, den 1968er Porsche und die Stadtwohnung in Berlin an. Außerdem will er ihr ein monatliches Taschengeld von 8.500 Euro zahlen.

Dieses Angebot hält sie für geradezu lächerlich gering in Anbetracht seines Status und seiner Vermögensverhältnisse. Sie will ihm einen Deal anbieten, den er annehmen muss, wenn er eine schnelle Scheidung direkt nach dem Trennungsjahr haben will. Der Deal sieht so aus, dass sie sofort alle Scheidungsunterlagen unterschreibt, wenn er ihr dafür zusätzlich zu seinem Angebot das Penthouse in New York und eine einmalige Abfindung in Höhe von 30 Mio. Euro (10 Mio. pro Ehejahr) gibt.

Familienmediation

Friedliche Scheidung?

Kurzbeschreibung

Das Ehepaar Siegmund ruft gemeinsam den Mediator an. Sie haben sich entschieden, sich zu trennen. Um Anwaltskosten zu sparen, möchten sie im Rahmen einer Mediation die finanziellen Dinge regeln.

Medianden:

Siegfried Siegmund

Carola Siegmund-Faber

Familienmediation

Friedliche Scheidung?

Carola Siegmund-Faber

45 Jahre

Hausfrau

Carola und ihr Mann Siegfried sind sich einig, dass sie sich trennen wollen. Sie haben sich auseinander gelebt. Siegfried hat mehrere Affären gehabt und lebt mit seiner neuen Lebensgefährtin im Nachbarort. Carola ist im Haus geblieben.

Beide möchten die finanzielle Seite regeln.

Carola möchte das Haus mit dem gesamten Inventar behalten. Außerdem möchte sie noch einen monatlichen Unterhalt von 6000 Euro, alle zwei Jahre ein neues Auto und eine Lebensversicherung, die ihr den Erhalt ihres Lebensstandards bis zu ihrem Tod garantiert.

Zum Inventar des Hauses gehören unter anderem einige Originalgemälde, deren Wert ihr egal ist, die sie aber liebt und ihr eine liebe Erinnerung an schöne gemeinsame Erlebnisse sind.

Carola hat seit ihrer Heirat vor 25 Jahren keinen Beruf ausgeübt, sondern Siegfried den Rücken frei gehalten. Sie hat nur eine kleine Erbschaft einer Tante mit in die Ehe gebracht. Dieses Geld, damals 10.000 DM, hat sie in die Einrichtung ihres gemeinsamen Hauses gesteckt.

Familienmediation

Friedliche Scheidung?

Siegfried Siegmund

52 Jahre

Unternehmer

Carola und ihr Mann Siegfried sind sich einig, dass sie sich trennen wollen. Sie haben sich auseinander gelebt. Siegfried hat mehrere Affären gehabt und lebt mit seiner neuen Lebensgefährtin im Nachbarort. Carola ist im Haus geblieben.

Beide möchten die finanzielle Seite regeln.

Siegfried hat Carola das gemeinsame Haus überlassen. Er hat für sich und seine neue Lebensgefährtin, Jasmin, ein neues Haus gebaut.

Aus dem alten Haus möchte er nur die Originalgemälde. Es handelt sich um vier Werke von William Turner, die ein Vermögen wert sind.

Siegfried ist außerdem bereit, Carola einen monatlichen Unterhalt von 5000 Euro zu zahlen und alle vier Jahre ein neues Auto der Mittelklasse zu kaufen. Er ist der Ansicht, dass Carola von dem großzügigen Unterhalt selbst eine Altersvorsorge besparen kann.

Er selbst hat nie in die Deutsche Rentenversicherung eingezahlt.

Seine Firma ist noch nicht offiziell bewertet worden, aber sein Steuerberater schätzt den Unternehmenswert auf ca. 25 Mio. Euro. Das ist für ihn ein hypothetischer Wert, da die Firma seinen Lebensinhalt und –unterhalt darstellt und er sie niemals verkaufen würde.

Familienmediation

Friedliche Scheidung?

Er hat anlässlich der Heirat vor 25 Jahren eine Lebensversicherung abgeschlossen, die im Erlebensfall 200.000 Euro bringt. Diese läuft noch weitere 25 Jahre. Carola ist als Begünstigte eingetragen. Das möchte Siegfried auch nicht ändern.

Familienmediation

Patchworkfamilie

Kurzbeschreibung

Rosa Glatt ruft den Mediator an. Sie hat sich vor sechs Monaten von ihrem Mann, Gunnar, getrennt. Er lebt aktuell bei seiner Freundin, Gabi, und ihren beiden Töchtern, Marie, 6, und Mia, 9 Jahre.

Bei Rosa Glatt ist ihre Freundin Fee, mit ihrem Sohn, Tobias, 13, eingezogen.

Rosa und Gunnar Glatt haben drei gemeinsame Kinder, von denen zwei noch zuhause wohnen; Katja Elisabeth, 15, und Garret, 11 Jahre. Frank Simon, der älteste Sohn, 19, ist zeitgleich mit Gunnar aus dem Familienhaus ausgezogen.

Die Erwachsenen sind sich einig, dass sie ihren Konflikt ohne Hilfe nicht lösen können.

Medianden:

Rosa Glatt, geb. Hamson

Gunnar Glatt

Fee Salvador

Gabi Schultze

Familienmediation

Patchworkfamilie

Rosa Glatt, geb. Hamson

38 Jahre

Hausfrau, gelernte Fotografin

Mutter von:

    Katja Elisabeth, 15

    Garret, 11 Jahre

    Frank Simon, 19, fast zeitgleich mit Gunnar Glatt ausgezogen

Rosa Glatt hat ihren Ehemann vor sechs Monaten aus dem gemeinsamen Haus geworfen, nachdem sie herausgefunden hatte, dass er eine Beziehung mit einer anderen Frau hat.

Gunnar Glatt ist bei seiner Freundin Gabi Schultze, 29, und ihren beiden Töchtern Marie, 6 und Mia, 9, eingezogen.

Rosa Glatt hat ihre Freundin Fee, 35, mit ihrem Sohn Tobias, 13, bei sich aufgenommen.

So sind zwei neue Paare entstanden, die seit einem halben Jahr über Unterhalt sowie Betreuungs- und Besuchsrechte streiten.

Rosa ist nicht besonders verletzt durch die Affäre ihres Noch-Ehemannes. Sie hat sich schon länger in der Ehe gelangweilt und sich vor einem Jahr in Fee Salvador verliebt. Ihre eigene Affäre hat sie vor ihrem Mann und ihren Kindern geheim gehalten. Gunnar hat erst davon erfahren, als er schon bei seiner eigenen Freundin, Gabi Schultze, eingezogen war.

Familienmediation

Patchworkfamilie

Rosa ärgert sich über die ständigen Sticheleien von Gunnar und Gabi in Bezug auf ihre neue Beziehung. Besonders sauer wird sie, wenn schmierige Bemerkungen im Beisein ihrer Kinder gemacht werden.

Zusätzlich hat sie den Verdacht, dass Gunnar nur deshalb auf ungewöhnliche Besuchszeiten pocht, weil er sie und Fee in einer kompromittierenden Situation erwischen möchte. Sie vermutet, dass sein Scheidungsanwalt ihm dazu geraten hat, belastendes Material über sie zu sammeln, um bei der Scheidungsverhandlung finanziell günstiger gestellt zu werden.

Es ist öfter vorgekommen, dass er nach 20 Uhr vor der Tür steht und seine Kinder zu sehen wünscht. Rosa und Fee sind dadurch sehr irritiert. Auch Fees Sohn, Tobias, wird davon beeinflusst. Er hat keinen Kontakt zu seinem Vater und beginnt zusehends sich nach einem so besorgten und interessierten Vater zu sehnen. Dies führt wiederum zu Konflikten zwischen Fee und Tobias.

Rosa will eine gütliche Scheidung und verbindliche Regeln.

Familienmediation

Patchworkfamilie

Gunnar Glatt

38 Jahre

Disponent in der Spedition

Vater von:

> Katja Elisabeth, 15
>
> Garret, 11
>
> Frank Simon, 19, fast zeitgleich mit Gunnar Glatt ausgezogen

Rosa Glatt hat ihren Ehemann vor sechs Monaten aus dem gemeinsamen Haus geworfen, nachdem sie herausgefunden hatte, dass er eine Beziehung mit einer anderen Frau hat. Gunnar Glatt ist bei seiner Freundin Gabi Schultze, 29, und ihren beiden Töchtern Marie, 6 und Mia, 9, eingezogen.

Rosa Glatt hat ihre Freundin Fee, 35, mit ihrem Sohn Tobias, 13, bei sich aufgenommen.

So sind zwei neue Paare entstanden, die seit einem halben Jahr über Unterhalt sowie Betreuungs- und Besuchsrechte streiten.

Gunnar Glatt ist zwar glücklich mit seiner neuen Freundin, Gabi, aber dennoch verletzt von der Art, wie Rosa ihn – nach seinem Empfinden – abserviert und durch eine Frau ersetzt hat. Gleichgeschlechtliche Beziehungen passen gar nicht in sein Weltbild und Wertesystem.

Familienmediation

Patchworkfamilie

Er macht sich Gedanken über die Auswirkungen auf seine Kinder, die in der Pubertät besonders empfindsam sind. Oft unterhält er sich mit Gabi darüber. Ihre Töchter sind noch klein und verstehen die Situation nur teilweise.

Sein Scheidungsanwalt scheint kein Problem mit der neuen Situation zu haben, sondern rechnet ihm nur vor, was er an Unterhalt zu zahlen hat und rät ihm, mit Rosa eine Ausgleichszahlung für das Familienhaus zu fordern.

Gunnar ist in einem Zustand dauerhafter Empörung. Wenn er die Kinder sehen will, was ihm oft wegen seiner Arbeitszeiten erst abends möglich ist, geben Rosa und Fee ihm das Gefühl zu stören. Katja und Garret ziehen sich von ihm zurück, antworten nur noch einsilbig auf seine Fragen. Tobias, der Sohn von Fee, hängt sich stattdessen an ihn, will reden, mit ihm spielen. Gunnar fällt es schwer, sich auf Tobias einzulassen und weist ihn meistens ab.

Gunnar will eigentlich, dass alles wieder so wird wie früher.

Familienmediation

Patchworkfamilie

Fee Salvador

35 Jahre

Kosmetikberaterin, selbstständig

Neue Lebensgefährtin von Rosa Glatt

Mutter von:

    Tobias, 13

Rosa Glatt hat ihren Ehemann vor sechs Monaten aus dem gemeinsamen Haus geworfen, nachdem sie herausgefunden hatte, dass er eine Beziehung mit einer anderen Frau hat. Gunnar Glatt ist bei seiner Freundin Gabi Schultze, 29, und ihren beiden Töchtern Marie, 6 und Mia, 9, eingezogen.

Rosa Glatt hat ihre Freundin Fee, 35, mit ihrem Sohn Tobias, 13, bei sich aufgenommen.

So sind zwei neue Paare entstanden, die seit einem halben Jahr über Unterhalt sowie Betreuungs- und Besuchsrechte streiten.

Fee ist ein quirliger, lebhafter Charakter. Eloquent und extravertiert geht sie auf jeden zu. Auch mit Gunnar und Gabi geht sie offen um, trotz ihrer teilweise bösartigen Kommentare über gleichgeschlechtliche Partnerschaften und über ihren Beruf. Zu Beginn hatte Gabi sich von ihr noch Schminktipps geholt, mittlerweile gibt sie sich bei gelegentlichen Begegnungen zugeknöpft.

Fee ist das zu kompliziert. Sie ist in Rosa verliebt, ihr Sohn, Tobias, fühlt sich im neuen Haus wohl und versteht sich gut mit Rosas

Familienmediation

Patchworkfamilie

Kindern. Aus ihrer Sicht gibt es keinen Grund „Theater zu machen". Das Leben besteht nun mal aus Veränderungen.

Sie sieht, dass Rosa sich über das Verhalten von Gunnar und Gabi ärgert und auch eigentlich nur ihre Ruhe haben will. Schließlich hat Rosa genug mit dem Haushalt und den Kindern zu tun. Sie selbst hat sich in ihrem Kundenkreis so gut etabliert, dass sie ohne Weiteres für die gesamte neue Familie sorgen kann. Aber sie ist dadurch auch viel unterwegs und ist deshalb froh, sich seit dem Einzug bei Rosa nicht mehr um die Betreuung von Tobias sorgen zu müssen.

Gunnars unangekündigtes Auftauchen am Abend, ärgert sie auch. Tobias versteht das als Fürsorge und würde Gunnar gern als Vaterersatz „adoptieren". Da Gunnar meistens ablehnend auf Tobias' Annäherungsversuche reagiert, hat sie versucht, Tobias die Zusammenhänge zu erklären, was regelmäßig zu Streit zwischen ihnen führt.

Fee möchte eine verbindliche Einigung über Besuchszeiten mit der alle leben können.

Familienmediation

Patchworkfamilie

Gabi Schultze

29 Jahre

Bürokauffrau in Teilzeit

Neue Lebensgefährtin von Gunnar Glatt

Mutter von:

    Marie, 6

    Mia, 9

Rosa Glatt hat ihren Ehemann vor sechs Monaten aus dem gemeinsamen Haus geworfen, nachdem sie herausgefunden hatte, dass er eine Beziehung mit einer anderen Frau hat. Gunnar Glatt ist bei seiner Freundin Gabi Schultze, 29, und ihren beiden Töchtern Marie, 6 und Mia, 9, eingezogen.

Rosa Glatt hat ihre Freundin Fee, 35, mit ihrem Sohn Tobias, 13, bei sich aufgenommen.

So sind zwei neue Paare entstanden, die seit einem halben Jahr über Unterhalt sowie Betreuungs- und Besuchsrechte streiten.

Gabi Schultze ist vor zwei Jahren Witwe geworden, als ihr Mann bei einem Arbeitsunfall starb. Seitdem versucht sie mehr schlecht als recht, die Familie über Wasser zu halten. Als Marie, die Jüngste, im vergangenen Jahr eingeschult wurde, hat sie eine Teilzeitstelle im Büro derselben Spedition angenommen, in der auch Gunnar als Disponent arbeitet. So haben die beiden sich kennengelernt und angenähert.

Familienmediation

Patchworkfamilie

Gabi hätte nie gedacht, dass die Situation so kompliziert werden würde. Nach dem, was Gunnar ihr von seiner Ehe erzählt hatte, war sie davon ausgegangen, dass er sich niemals von seiner Frau trennen würde. Sie war trotzdem hoch erfreut, als er vor einem halben Jahr unerwartet mit einem Koffer in der Hand bei ihr auftauchte.

Gunnar hat viel Gesprächsbedarf. Er kommt mit der Tatsache, dass Rosa sich in eine Frau verliebt hat, überhaupt nicht klar. Gabi findet das zwar auch nicht nachvollziehbar, hätte diese Beziehung von sich aus aber ohne Weiteres akzeptiert. Sie fand Rosa und Fee nett. Es war immer lustig bei ihnen und Fee kannte sich so gut mit Typberatung aus.

Aus Loyalität zu Gunnar, hat sie sich in der letzten Zeit aber wieder zurückgezogen.

Gabi möchte sich nach den harten Jahren einfach mal wieder mit ihrem neuen Partner entspannen. Sie hofft, dass die Mediation das erlösende Ergebnis bringen wird.

Erbschaftsmediation

Die Pflegekraft erbt

Kurzbeschreibung

Friederike Schmidt ruft bei der Mediatorin an. Sie und ihre Schwester möchten mit der Pflegekraft ihres kürzlich verstorbenen Vaters zur Mediation kommen.

Medianden:

Friederike Schmidt, geb. Götz

Sieglinde Freilich, geb. Götz

Ludmilla Krause

Erbschaftsmediation

Die Pflegekraft erbt

Friederike Schmidt, geb. Götz

49 Jahre

Tochter des Verstorbenen

Friedrich Götz ist vor einem halben Jahr im Alter von 75 Jahren gestorben. Er wurde während der vergangenen zwei Jahre von Ludmilla Krause gepflegt, da er sich nach einem Schlaganfall, der ihn linksseitig gelähmt hatte, nicht mehr selbst versorgen konnte.

Frau Krause hat sich bis zu seinem Tod wegen Herzversagens gut um Herrn Götz gekümmert. Sie hatten sich sogar etwas angefreundet. Herr Götz hat sich seiner Pflegerin so nah gefühlt, dass er ihr sein Haus vererbt hat. Seine Töchter, Friederike und Sieglinde, sollen jeweils 50.000 Euro bekommen. Insgesamt beläuft sich sein Nachlass inkl. Haus auf 650.000 Euro. Die Schwestern sind mit diesem Nachlass nicht einverstanden.

Frau Krause hat immer wieder beteuert, dass sie Herrn Götz nicht beeinflusst habe. Trotzdem findet sie das Haus schön, besonders den Garten, den ihre Kinder besonders lieben gelernt haben. Sie ist inzwischen dort eingezogen.

Friederike Schmidt ist zutiefst gekränkt. Sie hatte fest mit dem Erbe gerechnet. In dem Haus sind sie und ihre Schwester aufgewachsen. Sie versteht die plötzliche Sinneswandlung ihres Vaters nicht.

Friederike ist bereit, mit allen Mittel für ihr Erbe zu kämpfen. Sie war deswegen schon beim Anwalt, der ihr erklärt hat, dass sie

Erbschaftsmediation

Die Pflegekraft erbt

bestenfalls auf Aufstockung bis zur Höhe des Pflichtteils klagen kann.

Sie hätte schon längst geklagt, wenn ihre Schwester Sieglinde, sie dabei unterstützen würde.

Erbschaftsmediation

Die Pflegekraft erbt

Sieglinde Freilich, geb. Götz

35 Jahre

Tochter des Verstorbenen

Friedrich Götz ist vor einem halben Jahr im Alter von 75 Jahren gestorben. Er wurde während der vergangenen zwei Jahre von Ludmilla Krause gepflegt, da er sich nach einem Schlaganfall, der ihn linksseitig gelähmt hatte, nicht mehr selbst versorgen konnte.

Frau Krause hat sich bis zu seinem Tod wegen Herzversagens gut um Herrn Götz gekümmert. Sie hatten sich sogar etwas angefreundet. Herr Götz hat sich seiner Pflegerin so nah gefühlt, dass er ihr sein Haus vererbt hat. Seine Töchter, Friederike und Sieglinde, sollen jeweils 50.000 Euro bekommen. Insgesamt beläuft sich sein Nachlass inkl. Haus auf 650.000 Euro.

Die Schwestern sind mit diesem Nachlass nicht einverstanden.

Frau Krause hat immer wieder beteuert, dass sie Herrn Götz nicht beeinflusst habe. Trotzdem findet sie das Haus schön, besonders den Garten, den ihre Kinder besonders lieben gelernt haben. Sie ist inzwischen dort eingezogen.

Sieglinde ist vom Tod ihres Vaters noch immer tief betroffen. Als Nesthäkchen hat sie sehr an ihm gehangen. Geld ist ihr nicht so wichtig. Sie hat schon mit Anfang 20 eine gut gehende Internetagentur gegründet, die sie vor zwei Jahren für einen hohen siebenstelligen Betrag verkauft hat.

Erbschaftsmediation

Die Pflegekraft erbt

Sie ist ihrer Schwester zuliebe in die Mediation mitgekommen. Einerseits versteht sie ihre Schwester, weil sie das Geld tatsächlich gebrauchen kann, andererseits findet sie gerichtliche Auseinandersetzungen sinnlos. (Sieglinde hatte vor zehn Jahren einmal einen früheren Geschäftspartner auf Schadenersatz verklagt. Dieser Prozess ist in einem Vergleich geendet, bei dem die Anwaltsgebühren die Schadenersatzzahlung des früheren Geschäftspartners weit überstiegen.)

Sieglinde will also eigentlich nur, dass die beiden anderen sich irgendwie in der Mediation einigen.

Erbschaftsmediation

Die Pflegekraft erbt

Ludmilla Krause

41 Jahre

Pflegekraft

Friedrich Götz ist vor einem halben Jahr im Alter von 75 Jahren gestorben. Er wurde während der vergangenen zwei Jahre von Ludmilla Krause gepflegt, da er sich nach einem Schlaganfall, der ihn linksseitig gelähmt hatte, nicht mehr selbst versorgen konnte.

Frau Krause hat sich bis zu seinem Tod wegen Herzversagens gut um Herrn Götz gekümmert. Sie hatten sich sogar etwas angefreundet. Herr Götz hat sich seiner Pflegerin so nah gefühlt, dass er ihr sein Haus vererbt hat. Seine Töchter, Friederike und Sieglinde, sollen jeweils 50.000 Euro bekommen. Insgesamt beläuft sich sein Nachlass inkl. Haus auf 650.000 Euro.

Die Schwestern sind mit diesem Nachlass nicht einverstanden.

Frau Krause hat immer wieder beteuert, dass sie Herrn Götz nicht beeinflusst habe. Trotzdem findet sie das Haus schön, besonders den Garten, den ihre Kinder besonders lieben gelernt haben. Sie ist inzwischen dort eingezogen.

Frau Krause hat der Mediation zugestimmt, weil sie kein Gerichtsverfahren möchte. Sie kennt sich mit deutschen Behörden und Gerichten nicht aus und möchte sich mit den Schwestern lieber gütlich einigen.

Erbschaftsmediation

Die Pflegekraft erbt

Allerdings verdient sie als Pflegekraft nicht so viel (1750,50 netto plus Kindergeld). Sie ist froh über das Haus, da sie jetzt wenigstens die Miete spart. Wenn sie den Schwestern ihren vollen Pflichtteil auszahlen muss, müsste sie einen Kredit aufnehmen, den sie sich nicht leisten kann.

Sie hat keine Ahnung, wie Mediation ihr helfen kann, aber sie ist bereit, nach jedem Strohhalm zu greifen

Erbschaftsmediation

Ich habe Vater bis zum Schluss gepflegt

Kurzbeschreibung

Iris Ubach ruft bei der Mediatorin an. Ihr Vater ist vor vier Wochen verstorben. Sie ist mit seinem Testament nicht einverstanden. Frau Ubach will ihren Cousin Wolfgang Heide mitbringen.

Medianden:

Iris Ubach

Wolfgang Heide

Erbschaftsmediation

Ich habe Vater bis zum Schluss gepflegt

Iris Ubach

61 Jahre

Tochter des Verstorbenen, Wilhelm Ubach / (Mutter ist vor zehn Jahren verstorben)

Iris Ubach, Single, keine Kinder, bis vor drei Jahren fest angestellte Bibliothekarin bei der Stadtbücherei.

Vor dreieinhalb Jahren wurde ihr Vater schwer krank, Darmkrebs. Es folgten die üblichen Behandlungen – Operation, Chemo- und Strahlentherapie. Diese vertrug ihr Vater schlecht. Auch die Anschluss-Reha verbesserte seinen Zustand nicht. Er wurde zum Pflegefall in Pflegestufe 3.

Iris Ubach hielt es als einzige Tochter für ihre Pflicht, sich um ihren Vater zu kümmern. Er wohnte noch immer im Familienhaus und bekam eine gute Pension aus seiner Beamtentätigkeit im gehobenen Dienst.

Iris Ubach kündigte ihren Arbeitsvertrag, obwohl ihr die Arbeit viel Spaß machte, und sie ihr Lebensinhalt war, und zog in ihr Elternhaus zurück.

Nachdem das Arbeitslosengeld I ausgelaufen war, lebte sie vom Pflegegeld und der Pension ihres Vaters. Sie machte sich darüber nicht viele Gedanken, da sie sich als einzige Erbin betrachtete und sie jeden Tag rund um die Uhr für ihren Vater da war.

Erbschaftsmediation

Ich habe Vater bis zum Schluss gepflegt

Sie entnahm nicht viel von der Pension ihres Vaters. Lediglich die Beiträge für ihre Kranken- und Rentenversicherung, die sie nun freiwillig zahlen musste, da sie keine staatliche Unterstützung beantragen wollte.

Ein besonders enges Verhältnis hatte sie zu ihrem Vater, der mit Mädchen und Frauen nicht viel anzufangen wusste, nicht. Iris Ubach würde ihr Verhältnis als freundlich distanziert bezeichnen. Es gab nie Streit zwischen den beiden, außer an Tagen, an denen es ihm körperlich sehr schlecht ging. Diese Tage hatte sie gehasst, aber in Anbetracht seiner schweren Krankheit ertragen.

Nie hätte sie damit gerechnet, dass ihr Vater ihr Zuhause ihrem Cousin, Wolfgang Heide, 62, vererben würde. Daher war sie sehr vor den Kopf gestoßen, als sie davon erfuhr. Ihr Cousin will das Erbe annehmen und sie auszahlen. Die Konsequenz für Iris Ubach wäre, dass sie unmittelbar auf Hartz IV-Niveau absinken würde und obdachlos würde.

Mit ihrem Cousin hat sie seit ihrer Kindheit nicht mehr viel Kontakt gehabt. Er hat ihren Vater nur an Ostern im ersten Jahr seiner Erkrankung mal in der Reha-Klinik besucht.

Erbschaftsmediation

Ich habe Vater bis zum Schluss gepflegt

Wolfgang Heide

62 Jahre

Neffe des Verstorbenen, Wilhelm Ubach

(Tante ist vor zehn Jahren verstorben)

Wolfgang Heide ist der Neffe des Verstorbenen. Seit zwei Jahren hatte er keinen Kontakt mehr zu seinem Onkel. Damals hatte er ihn in der Reha-Klinik besucht und mit ihm gesprochen; belangloses Zeug über ihr gemeinsames Hobby aus seiner Kindheit, dem Karpfenangeln.

Wolfgang Heide kann Krankheit, Krankenhäuser, Ärzte und Siechtum nicht ertragen. Er will sich nicht mit diesen Dingen beschäftigen, was er sich aber in der Tiefe nicht eingestehen will, geschweige denn, mit anderen darüber sprechen würde.

Offiziell hatte er seinen Onkel nicht mehr besucht, weil er einfach zu viel zu tun gehabt hatte und die Zeit so schnell vergangen ist.

Über das Testament seines Onkels ist er ebenso erstaunt wie seine Cousine, Iris Ubach. Er versteht, dass sie enttäuscht und verärgert ist. Das Erbe will er trotzdem annehmen. Ein Haus in bester Lage, top gepflegt, mit Garten (wo findet man sowas heute noch in Innenstadtnähe) und völlig ohne Belastungen, schlägt man nicht einfach aus. Seiner Cousine würde er ihren Pflichtteil auszahlen. Das entspräche in etwa seinen Rücklagen und wäre kein Problem für ihn.

Erbschaftsmediation

Ich habe Vater bis zum Schluss gepflegt

Vielleicht macht er das Haus zu seinem Altersruhesitz oder verkauft es an den Meistbietenden. Ein befreundeter Makler hatte einen Verkehrswert von ca. 850.000 Euro angedeutet – als vorsichtige Schätzung, denn bei den Preisen heutzutage, kann auch ein Makler das nicht exakt beziffern.

Wolfgang Heide findet, dass man den Willen des Verstorbenen in Ehren halten sollte. Sein Onkel wird schon seine Gründe dafür gehabt haben, ihm sein Haus zu vererben.

Vielleicht liegt es daran, dass er, Wolfgang Heide, Kinder hat, an die er das Haus vererben könnte? Aber darüber macht er sich keine Gedanken. Niemand weiß es.

Erbschaftsmediation

Das Porzellan gehört mir

Kurzbeschreibung

Astrid Merker ruft bei der Mediatorin an. Sie hat Streit mit ihren drei Geschwistern über einen Teil des Nachlasses ihrer Mutter. Alles andere haben sie einvernehmlich geregelt, aber das Hochzeitgeschirr ihrer Eltern wollen alle haben.

Medianden:

Astrid Merker

Diana Lehmann

Rosi Solberg

Aaron Sander

Erbschaftsmediation

Das Porzellan gehört mir

Astrid Merker

35 Jahre

Schwester von Diana Lehmann (42), Rosi Solberg (45) und Aaron Sander (42)

Astrid Merker und ihre Geschwister haben nach dem Tod ihrer Mutter den Nachlass unter sich aufgeteilt. Der Vater ist bereits vor einigen Jahren gestorben.

Die Geschwister hatten sich über alles einigen können, mit Ausnahme des Hochzeitsporzellans. Alle vier möchten es gern haben. Die Diskussionen über dieses Porzellan endeten bisher in Vorwürfen und Tränen.

Bei dem Porzellan handelt es sich um ein Service für 20 Personen, Tafel- und Desertgedecke plus Kaffeegedeck, Schüsseln, Platten, Teetassen sowie fünf Kaffee- und Teekannen. Es ist industriell gefertigtes, aber dennoch hübsch anzusehendes Porzellan. Es wurde in den 60er Jahren industriell hergestellt. Der Wiederverkaufswert ist gering.

Die Geschwister verstehen sich eigentlich gut und leiden alle unter diesem ungelösten Konflikt. Deshalb haben sie gemeinsam beschlossen, eine Mediation zu machen.

Astrid Merker erklärt ihren Anspruch auf das Hochzeitsporzellan aus ihrer Stellung als jüngste Tochter. Ihre Mutter habe ihr schon in ihrer Kindheit immer wieder von der tollen Hochzeitsfeier erzählt und dass es ihr recht wäre, wenn sie, Astrid, es eines Tages bekäme.

Erbschaftsmediation

Das Porzellan gehört mir

Diana Lehmann

42 Jahre

Schwester von Astrid Merker (35) und Rosi Solberg (45), Zwillingsschwester von Aaron Sander

Astrid Merker und ihre Geschwister haben nach dem Tod ihrer Mutter den Nachlass unter sich aufgeteilt. Der Vater ist bereits vor einigen Jahren gestorben.

Die Geschwister hatten sich über alles einigen können, mit Ausnahme des Hochzeitsporzellans. Alle vier möchten es gern haben. Die Diskussionen über dieses Porzellan endeten bisher in Vorwürfen und Tränen.

Bei dem Porzellan handelt es sich um ein Service für 20 Personen, Tafel- und Desertgedecke plus Kaffeegedeck, Schüsseln, Platten, Teetassen sowie fünf Kaffee- und Teekannen. Es ist industriell gefertigtes, aber dennoch hübsch anzusehendes Porzellan. Es wurde in den 60er Jahren industriell hergestellt. Der Wiederverkaufswert ist gering.

Die Geschwister verstehen sich eigentlich gut und leiden alle unter diesem ungelösten Konflikt. Deshalb haben sie gemeinsam beschlossen, eine Mediation zu machen.

Diana Lehmann erklärt ihren Anspruch auf das Hochzeitsporzellan damit, dass sie die Vitrine bekommen hat, in der das Porzellan jahrzehntelang präsentiert wurde. Aus ihrer Sicht gehört es praktisch dazu.

Erbschaftsmediation

Das Porzellan gehört mir

Außerdem feiert ihre älteste Tochter in vier Monaten ihre Hochzeit und da könnte sie den Tisch wunderbar mit diesem Porzellan eindecken. Für sie gibt es keine schönere Art, ihre Eltern an dem Familienfest teilhaben zu lassen.

Erbschaftsmediation

Das Porzellan gehört mir

Rosi Solberg

45 Jahre

Schwester von Diana Lehmann (42), Astrid Merker (35) und Aaron Sander (42)

Astrid Merker und ihre Geschwister haben nach dem Tod ihrer Mutter den Nachlass unter sich aufgeteilt. Der Vater ist bereits vor einigen Jahren gestorben.

Die Geschwister hatten sich über alles einigen können, mit Ausnahme des Hochzeitsporzellans. Alle vier möchten es gern haben. Die Diskussionen über dieses Porzellan endeten bisher in Vorwürfen und Tränen.

Bei dem Porzellan handelt es sich um ein Service für 20 Personen, Tafel- und Desertgedecke plus Kaffeegedeck, Schüsseln, Platten, Teetassen sowie fünf Kaffee- und Teekannen. Es ist industriell gefertigtes, aber dennoch hübsch anzusehendes Porzellan. Es wurde in den 60er Jahren industriell hergestellt. Der Wiederverkaufswert ist gering.

Die Geschwister verstehen sich eigentlich gut und leiden alle unter diesem ungelösten Konflikt. Deshalb haben sie gemeinsam beschlossen, eine Mediation zu machen.

Rosi Solberg steht auf dem Standpunkt, dass ihr das Hochzeitsporzellan zusteht, weil sie die älteste Tochter ist. Aus ihrer Sicht reicht dieser Fakt als Grund voll und ganz aus.

Erbschaftsmediation

Das Porzellan gehört mir

Aaron Sander

42 Jahre

Zwillingsbruder von Diana Lehmann, Bruder von Rosi Solberg (45) und Astrid Merker (35)

Astrid Merker und ihre Geschwister haben nach dem Tod ihrer Mutter den Nachlass unter sich aufgeteilt. Der Vater ist bereits vor einigen Jahren gestorben.

Die Geschwister hatten sich über alles einigen können, mit Ausnahme des Hochzeitsporzellans. Alle vier möchten es gern haben. Die Diskussionen über dieses Porzellan endeten bisher in Vorwürfen und Tränen.

Bei dem Porzellan handelt es sich um ein Service für 20 Personen, Tafel- und Desertgedecke plus Kaffeegedeck, Schüsseln, Platten, Teetassen sowie fünf Kaffee- und Teekannen. Es ist industriell gefertigtes, aber dennoch hübsch anzusehendes Porzellan. Es wurde in den 60er Jahren industriell hergestellt. Der Wiederverkaufswert ist gering.

Die Geschwister verstehen sich eigentlich gut und leiden alle unter diesem ungelösten Konflikt. Deshalb haben sie gemeinsam beschlossen, eine Mediation zu machen.

Aaron Sander würde das Hochzeitsporzellan zwar gern haben, aber zugunsten seiner Zwillingsschwester darauf verzichten. Er würde gern seiner Nichte, dessen Patenonkel er ist, die Freude machen, das Porzellan bei ihrer Hochzeit verwenden zu können.

Er selbst hat zwei Söhne, die sich für Porzellan nicht interessieren.

Erbschaftsmediation

Die zweite Frau

Kurzbeschreibung

Matthias Läufner ruft beim Mediator an. Seine Mutter und er selbst wollen das Testament seines Vaters anfechten. Die zweite Frau seines verstorbenen Vater würde ebenfalls erscheinen.

Medianden:

Matthias Läufner

Annette Läufner, geb. Rindl

Liane Läufner, geb. Kutscher

Erbschaftsmediation

Die zweite Frau

Matthias Läufner

51 Jahre

Sohn von Annette Läufner und dem verstorbenen Arthur Läufner

Arthur Läufner ist vor acht Monaten im Alter von 84 Jahren verstorben. Aus erster Ehe stammt Matthias Läufner. Die Ehe mit Annette Läufner, geb. Rindl, wurde geschieden, als Matthias sechs Jahre alt war. Seine Eltern hatten eine Besuchsregelung, an die sich beide hielten. Als Erwachsene hatten die beiden Männer lockeren Kontakt. Matthias war Trauzeuge bei der Heirat seines Vaters mit Liane Läufner, geb. Kutscher, vor 33 Jahren.

Mit Liane Läufner hat sich Matthias recht gut verstanden, obwohl er sie eher als Schwester, denn als Stiefmutter betrachtet hatte, da sie gleich alt waren.

Sein verstorbener Vater hat sein gesamtes Vermögen im Rahmen eines Berliner Testaments seiner zweiten Frau vermacht.

Matthias Läufner sind inzwischen Zweifel gekommen, ob es eine gute Idee war, den Willen seines Vaters zu respektieren. Dass seine Mutter nichts erben würde, war abzusehen; dass aber er als einziger Sohn, als einziges Kind, nichts bekommen sollte, sieht er inzwischen nicht mehr ein. Schließlich sind Matthias und seine Stiefmutter gleich alt.

Erbschaftsmediation

Die zweite Frau

Annette Läufner, geb. Rindl

77 Jahre

Mutter von Matthias Läufner, erste Ehefrau des verstorbenen Arthur Läufner

Arthur Läufner ist vor acht Monaten im Alter von 84 Jahren verstorben. Aus erster Ehe stammt Matthias Läufner. Die Ehe mit Annette Läufner, geb. Rindl, wurde geschieden, als Matthias sechs Jahre alt war. Seine Eltern hatten eine Besuchsregelung, an die sich beide hielten. Als Erwachsene hatten die beiden Männer lockeren Kontakt. Matthias war Trauzeuge bei der Heirat seines Vaters mit Liane Läufner, geb. Kutscher, vor 33 Jahren.

Annette Läufner weiß, dass sie keinen Anspruch auf ein Erbe aus dem Nachlass ihres verstorbenen ersten Mannes hat. Sie will ihren Sohn unterstützen.

Erbschaftsmediation

Die zweite Frau

Liane Läufner, geb. Kutscher

51 Jahre

Zweite Ehefrau des verstorbenen Arthur Läufner

Arthur Läufner ist vor acht Monaten im Alter von 84 Jahren verstorben. Aus erster Ehe stammt Matthias Läufner. Die Ehe mit Annette Läufner, geb. Rindl, wurde geschieden, als Matthias sechs Jahre alt war. Seine Eltern hatten eine Besuchsregelung, an die sich beide hielten. Als Erwachsene hatten die beiden Männer lockeren Kontakt. Matthias war Trauzeuge bei der Heirat seines Vaters mit Liane Läufner, geb. Kutscher, vor 33 Jahren.

Ihr verstorbener Mann hat sein gesamtes Vermögen im Rahmen eines Berliner Testaments ihr vermacht.

Liane Läufner hat sich nie um Geschäftliches gekümmert. Sie hat keine Ahnung, weshalb Matthias mit dem Testament nicht einverstanden ist. Schließlich hat sie ihn doch als ihren Universalerben eingesetzt. Eigene Kinder hat ihr verstorbener Mann ihr immer verweigert.

Sie und Matthias Läufner haben sich von Anfang an gut verstanden, mehr wie Geschwister, da sie gleich alt sind.

Da sie nie einen Beruf erlernt hat und während ihrer gesamten Ehe ausschließlich für den Haushalt zuständig war, weiß sie auch nicht, wie sie eventuelle Ansprüche von Matthias befriedigen sollte. Sie lebt jetzt von der Witwenrente und wohnt in dem Haus, das sie gemeinsam mit Arthur Läufner ein Jahr nach ihrer Heirat gebaut hat.